¡Andamio!

El compromiso de las familias
hispanas para el éxito de los
estudiantes aprendiendo
Inglés usando el aprendizaje
basado en el cerebro

Por

SUSAN F. TIERNO, Ed.D.

¡Andamio! **Marca registrada© 2021**
por Susan F. Tierno, Ed.D.

Andamio Press, LLC Todos los derechos reservados

ISBN: 978-0-578-52950-9

Diseño de Portada: John Miller
Edición y diseño de interiores: Laura A. Marsala

DEDICATORIA

A todas las mamás que entienden
que la educación abrirá puertas a sus hijos.

CONTENIDO

¡ANDAMIO!

Andamio es la palabra que se define en inglés como scaffold. Como sustantivo, es la palabra perfecta para describir un marco, plataforma o estructura para crear la **participación de los padres**.

Este libro es un **andamio**, escrito para describir y explicar los requisitos imperativos para comprender cómo estructurar, por qué estructurar, qué estructurar, cuándo estructurar y para quién estructurar la capacitación, que permita crear un compromiso real para las partes interesadas hispanas en su comunidad.

Una vez que su **andamio** esté en su lugar, podrá coreografiar, organizar y planificar entorno a ese nexo significativo; una comunidad de partes interesadas.

En muchos sentidos, el cerebro es como el corazón o los pulmones. Cada órgano tiene una función natural. El cerebro aprende porque ese es su trabajo. Además, el cerebro tiene una capacidad de aprendizaje prácticamente inagotable. Cada cerebro humano sano, independientemente de la edad, el sexo, la nacionalidad o los antecedentes culturales de una persona, viene equipado con un conjunto de características excepcionales...

— Caine y Caine

PREFACIO
La oportunidad nacional para la participación de los padres: La perspectiva de un educador

Por la Dra. Ana María Rodríquez

Durante décadas, los educadores han luchado con problemas relacionados con el rendimiento académico de los estudiantes. El papel de la **participación de los padres** en la educación de los niños ha sido durante mucho tiempo uno de los desafíos que enfrentan los administradores del distrito escolar, el personal de apoyo y los maestros.

Cómo involucrar a los padres en el proceso the aprendizaje es abrumador para los superintendentes, administradores y coordinadores de padres que están a cargo de diseñar e implementar los programas. Este problema también incluye a los maestros que interactúan con los padres casi a diario.

Esta oportunidad nacional para la **participación de los padres** abarca una creciente población de padres hispanos, cuyo primer idioma no es el inglés, lo que agrega otra capa de complejidad.

Afortunadamente, ahora tenemos un libro que contiene un saldo de liderazgo intelectual y orientación pragmática para administradores, coordinadores de padres y maestros que enfrentan esa complejidad.

Susan F. Tierno, Ed.D., calificada de manera única, brinda liderazgo y orientación en este campo. Sus décadas de experiencia, su investigación, su enfoque de "Botas sobre el terreno" y su conocimiento específico de las barreras educativas del siglo XXI para las familias hispanas, sirven como base para éste libro de: "por qué y cómo".

No solo recomienda procesos y procedimientos basados en su conocimiento, experiencia e investigación, sino que las soluciones que ofrece se basan en éxitos recientes y repetidos en la implementación real de las ideas con padres hispanos.

Basado en los conceptos de construcción comunitaria, equidad, aprendizaje **basado en el cerebro** y aprendizaje socioemocional, éste libro representa un gran paso adelante en cómo podemos abordar e influir en la **participación de los padres** en nuestras escuelas.

A la vez, contribuye a la literatura sobre los factores que explican por qué algunos niños hispanos tienen éxito en el aprendizaje y otros tienen dificultades para aprender.

Sugiero que la participación de los padres hispanos en la educación de sus hijos es un factor significativo: *¡Andamio!* proporciona un **andamio** para que los educadores hagan realidad ese compromiso.

PREFACIO
Participación de los padres hispanos:
Una perspectiva de ciudad y estado fronterizo

Por Pat Campos, Coordinadora de Participación de Padres y Familias de Título I, Distrito Escolar Independiente de Laredo, Laredo, Texas

He trabajado con familias durante 30 años, gran parte de eso dentro del sistema de justicia juvenil. Actualmente soy coordinadora de Título I en una ciudad fronteriza de Texas y sirvo en un consejo de **participación de padres** en todo el estado.

Tenemos 28 escuelas de Título I en nuestro distrito que cubren desde pre-kínder hasta el grado 12. Tengo 28 enlaces para padres y un miembro del personal líder para ayudarme a cumplir con mi misión.

La **participación de los padres** no estaba sucediendo anteriormente. ¿Cómo sé esto? En todo el sistema de justicia juvenil vimos los resultados cuando los padres no se involucraron con sus hijos y sus estudios.

No es que a los padres no les importe. Es posible que no sepan cómo pedir ayuda. Es posible que no siempre comprendan nuestra "jerga" educativa.

En respuesta, tomamos nuestras clases de ESL nocturnas y las ofrecimos como clases diurnas para los padres que no estaban trabajando. Otros padres nos dijeron: "Tengo tres trabajos y estoy tratando de llegar a fin de mes. No tengo tiempo para asistir a las capacitaciones para padres".

Comenzamos a enseñarles habilidades que podían convertir en ingresos a tiempo parcial, como clases sobre cómo hacer flores de papel, arreglos comestibles, coronas de flores, decoración de pasteles. Les enseñamos a usar la computadora y las redes sociales para promover sus incipientes empresas. Todos tienen teléfonos, por lo que les enseñamos a usar las aplicaciones telefónicas que les ayudarían a vender sus productos.

El ingreso adicional permitió a muchos de esos padres dejar uno de sus múltiples trabajos y asistir a nuestras capacitaciones. En lugar de la participación mensual de 40 a 50 padres, ahora tenemos de 180 a 200 padres **comprometidos**. Además, están entusiasmados con lo que están aprendiendo.

Debido a que nuestro programa de **participación de los padres** ha sido un programa **modelo** exitoso, nuestro Coordinador de Título I a nivel estatal me invitó a servir en el Consejo de Texas para la participación de la familia y la escuela. También pasé una semana en la Universidad de Harvard para aprender más sobre la **participación de los padres** de los líderes de opinión nacionales sobre el tema.

Yo creo que ¡*Andamio!* es importante y relevante porque los padres quieren saber cómo ayudar a sus hijos a lo largo de su jornada educativa. Las capacitaciones para padres son esenciales para que se produzca un compromiso real.

Puedo decirles que el **modelo** de Susan funciona. Personalmente observé cuánto ayudó a los padres de nuestro distrito que participaron en esta capacitación.

Como coordinadora de **participación de los padres**, les pediría a los maestros y administradores escolares que consideren las siguientes cinco preguntas:

1. ¿Conoce a los padres por su nombre?
2. ¿Conoce la dinámica familiar?
3. ¿Sabes si tienen trabajo?
4. ¿Sabes si les importa la escuela?
5. ¿Sabes lo que quieren de la escuela para sus hijos?

Si puede conocer a sus padres por su nombre y a este nivel personal, entonces está bien encaminado hacia el éxito.

Dentro de cien años no importará cuál era mi cuenta bancaria, el tipo de casa en la que vivía o el tipo de automóvil que conducía, pero... el mundo PUEDE ser diferente porque yo era importante en la vida de un niño.

— Autor desconocido

INTRODUCCIÓN

A lo largo de mi vida, la educación en sus diversas formas ha sido mi pasión y mi propósito. Al igual que mis hermanos, amigos y colegas, he pasado muchos años contemplando y reflexionando sobre las maravillas del proceso de aprendizaje, especialmente para los niños. Sabía desde muy joven que de alguna manera usaría mi profundo amor por el aprendizaje y la enseñanza. Sabía que mi vida se centraría en un motivo y un propósito mucho más grandes que yo. Ayudar a los niños a aprender surgió como mi motivo; ayudarlos en el maravilloso viaje de aprendizaje surgió como mi pasión y propósito.

El libro que tiene en sus manos no es solo la historia y el testimonio de mi trabajo, sino también un **modelo** de investigación real y probado o una herramienta para orientar a las **partes interesadas** en nuestras **comunidades**. Es mi esfuerzo intencional y resuelto ayudar a nuestras diversas **comunidades** escolares.

En 2016, llevé el campo de la **participación de los padres** de los estudiantes del idioma inglés (ELL) un paso adelante con mi tesis doctoral, *"Una exploración del impacto de la* *capacitación **basada en el cerebro** en los padres hispanos de niños que aprenden inglés en edad primaria."* El director de mi tesis me animó a presentar mi legado de involucrar a los padres hispanos a través de la capacitación **basada en el cerebro** durante el transcurso de 15 años.

Como constructora de comunidades, defensora de la educación, maestra y emprendedora social, no podía detenerme allí. Este libro representa una extensión de la investigación de mi tesis, una síntesis de la investigación actual y los conceptos clave. Es una guía práctica y una plantilla para mostrarle cómo crear un programa de **Participación de los padres** que funcione. Constrúyelo bien y "vendrán".

¿QUIÉN SE BENEFICIARÁ DE ESTE LIBRO?

Este libro es multifacético y está diseñado pensando en varios públicos:

Para los **superintendentes y administradores escolares**: Aquí hay una solución revolucionaria para sus innumerables desafíos. Los elementos más dinámicos de mi extensa investigación e implementación de "Botas sobre el terreno" en distritos escolares de cinco estados, fueron la extensión de la duración del programa y la fidelidad al proceso y los conceptos del programa. No hay duda de que, en el transcurso de 15 años, el **modelo** produjo resultados positivos similares en todo momento, como lo evidenciaron evaluadores federales y privados.

El libro no es un libro técnico ni académico. Es una plantilla para fomentar la **Participación de los padres** a través de iniciativas de aprendizaje **basadas en el cerebro**. Utiliza varios enfoques que atraen a los padres a **participar**, específicamente, en los distritos y escuelas hispanos. Es la hoja de ruta y el documento de ejecución de sus programas de Título I.

Para los **coordinadores de Título I**: Este libro es su modelo para formar, lanzar y mantener un Departamento de **Participación de Padres y Familias** próspero.

En estas páginas encontrará tanto el por qué, como el cómo para un **modelo** de desarrollo de capacidades exitoso con **estrategias** que optimizan la participación de los maestros, padres en ELL (Aprendizaje del idioma ingles) y estudiantes de ELL. He diseñado este libro para incluir las mejores prácticas en diversos entornos basados en mi experiencia e investigación. Al final del libro, he incluido un **modelo** de subvención eficaz que ha demostrado su valía.

Para los **maestros**: aquí está su apoyo, su introducción para sofocar los temores sobre los padres en la comunidad. Al seguir mis preceptos, preguntas y orientación, espero que descubra que sus estudiantes involucrarán a sus padres, y usted se acercará y desarrollará una **relación** sólida con cada uno de los padres de su salón de clases.

HACIENDO UNA CONEXIÓN BASADA EN EL CEREBRO

A lo largo de los años, he estudiado mucho sobre el **cerebro** y sus maquinaciones. El estudio del **cerebro** en relación con el pensamiento y el aprendizaje es uno de mis axiomas establecidos en lo que hago por los niños, los padres y los maestros. En resumen, es uno de mis principios más importantes, algo a lo que me adhiero mientras enseño, hablo, desarrollo o publico. El **cerebro** es el núcleo. Lo que sigue son algunas ideas destiladas que compartimos con los padres en mi **modelo** de participación.

El **cerebro** humano es un fenómeno único, unido a propósito en algún logro maravilloso de la creación y la naturaleza. Con un peso de apenas tres libras y que contiene más de 100 mil millones de células, el **cerebro** realiza constantemente una sofisticada orquestación de propósito y flexibilidad.

Es diferente a cualquier computadora diseñada. Los avances en neurociencia revelan continuamente nuevas capacidades, capacidades y adaptaciones con implicaciones directas para las metas e iniciativas educativas. Como profesora y formadora, no puedo concebir el fomento de la **Participación de los padres** o el aprendizaje de los estudiantes, sin una comprensión seria de las partes, funciones y contribución del **cerebro**.

Las siguientes **nueve palabras** son extremadamente importantes para la **participación de los padres** y el **aprendizaje basado en el cerebro** en este libro. Los destaco para usted al principio, para que los reconozca a medida que siga leyendo y reforzarán mis conceptos. Piense en ellos como señales o indicaciones de que está en el camino correcto.

Cerebro	**Basado en el cerebro**
Coreograía	**Comunidades**
Comprometido	**Mediador**
Memoria	**Modelo**
Andamio	**Compromiso de los padres**

Estoy muy agradecida con mis entrenadores de 'Pensar y Aprender' o el modelo de 'Think and Learn' (TLC), o profesores de proyectos, así como con los colegas y colaboradores que contribuyeron enormemente al desarrollo y la orientación de este trabajo a lo largo del tiempo, que ahora se ha convertido en *¡Andamio!*

Estoy especialmente agradecida a todos los padres a lo largo de los años que se capacitaron bajo este **modelo**, pero más recientemente a las 40 madres hispanas en una ciudad fronteriza del sur de Texas, que participaron en la principal investigación fenomenológica en torno a la capacitación y me recordaron el potencial de los padres. Después de todo, un padre es el primer maestro de un niño.

Me complace compartir mi visión y experiencias con ustedes, y espero que las incorporen exitosamente a su trabajo diario como una herramienta formativa, informativa, transformadora y reformadora.

Susan F. Tierno, Ed.D.

Sección I
Enmarcando los desafíos

CAPÍTULO 1
Definiendo los problemas

Una comunidad saludable es un sólido sistema de relaciones. Es irregular, dinámico, orgánico y personal. Los vecinos aparecen para ayudar cuando su carga de trabajo es pesada y usted aparece cuando la de ellos lo es. En una comunidad rica, las personas se dedican a los asuntos de los demás, conocen los secretos de los demás, caminan juntos en momentos de dolor y celebran juntos en momentos de alegría. En una comunidad rica, la gente se ayuda a criar a los hijos de los demás. En este tipo de comunidades, que fueron típicas de toda la historia de la humanidad hasta los últimos sesenta años, más o menos; la gente extendía a los vecinos el tipo de devoción que hoy se extiende sólo a la familia. Los vecinos se necesitaban unos a otros para prosperar y sobrevivir, para cosechar, para compartir los tiempos difíciles.

— David Brooks, *La segunda montaña*

COMUNIDADES

Como mocosa o hija pequeña de una familia militar y maestra, he vivido en muchas **comunidades** diferentes a lo largo de los años. Está muy claro que las **comunidades** del

2

pasado no son exactamente las mismas que las **comunidades** de hoy. Sin embargo, cuando los comparo a todos, solo me viene a la mente una cosa: vivimos en **comunidades**.

Entonces, ¿Qué son las **comunidades**? Una definición global de una **comunidad** que se encuentra en un libro de estudios sociales de segundo grado la describe como "un lugar donde las personas trabajan, viven y juegan juntas".

Como ecosistema, las **comunidades** abarcan una miríada de escuelas con visiones y misiones, cada una de las cuales contiene todo tipo de **partes interesadas**. Un grupo de partes interesadas más esencial son los **padres** de niños que crecen dentro de la **comunidad**.

> *Lo que tenemos en común nos ayuda a formar nuestro sentido de comunidad.*
>
> — Marx, 2014

¡Andamio! es algo así como una memoria, iniciada por lo que se descubrió y descubrí a través de mi investigación con padres hispanos de niños en ELL (Aprendizaje del idioma ingles) en los grados de prekínder a cuarto en una comunidad en la frontera sur de Texas.

Diseñé, desarrollé e implementé mi **modelo,** como un proceso para los programas bilingües en las escuelas de las grandes ciudades con el fin de formar relaciones significativas con maestros bilingües y padres hispanos a través del aprendizaje **basado en el cerebro** en las **comunidades** escolares.

La **comunidad**, la capacidad, la construcción de relaciones, también llamada construcción de capital social, las habilidades de pensamiento y el empoderamiento de los padres como líderes, son el núcleo de lo que determiné son las partes más transformadoras de mi **modelo** de proceso, para ayudar a los estudiantes de Ingles a tener éxito en la escuela cuando los padres se comprometen.

No todos los adultos hispanos han asistido a la escuela en el sistema educativo estadounidense. Debido a esto, lo que los padres quieren para sus hijos y lo que les gustaría ver en nuestras escuelas varía de lo que ellos mismos experimentaron en la escuela incluso hace 15 o 20 años. Nuestras **comunidades** y escuelas, sin embargo, están cambiando rápidamente. Son de naturaleza dinámica y evolucionan cultural, educativa y tecnológicamente.

Los esfuerzos para construir capital social, o relaciones dinámicas, en las **comunidades** hispanas están bien documentados en investigaciones y tenían la intención de mejorar las habilidades de lectura o matemáticas de los niños del vecindario. Descubrimos que las mujeres hispanas disfrutaban específicamente de entablar relaciones con otros padres y desarrollar redes de amigos a través del proceso de construcción de la comunidad durante la capacitación y más allá.

CAMBIANDO LA DEMOGRAFÍA

Durante los últimos 30 años, las grandes áreas metropolitanas, como Los Ángeles, Nueva York y Chicago, y los estados, incluidos Arizona, Florida y Texas, han visto una afluencia significativa de estudiantes del idioma inglés. En la década de 1990, este cambio demográfico del idioma se trasladó a los corredores I-5, I-35 e I-95 para incluir Georgia, Carolina del Sur y del Norte, Virginia, Rhode Island y Massachusetts. Impulsado en gran parte por las tendencias y oportunidades de empleo, éste cambio afectó a las escuelas y a las **comunidades** mencionadas.

Actualmente, casi todos los distritos escolares del país, incluidos los llamados "estados elevados" como Nebraska,

Iowa y Minnesota, se ven afectados por grupos lingüísticos muy diversos y multilingües y problemas sociales relacionados que incluyen pobreza, alta movilidad, inestabilidad, y equidad.

Según el censo de 2010, la población hispana y joven de ELL y de rápido crecimiento en edad escolar ascendía a más de 13 millones. De acuerdo con los datos de inscripción de 2020 en las escuelas K-12, los estudiantes hispanos ahora comprenden entre el 22.7 y el 25% de todos los estudiantes en las aulas de jardín de infantes hasta el grado 12, y se espera que ese número continúe creciendo.

Por ejemplo, el investigador de Rice University Steve Murdock estimó que para el 2040, los hispanos representarán el 62% del crecimiento de la población en los Estados Unidos, produciendo más del 40% de los niños en edad escolar en todo el país. La importancia del cambio demográfico hispano afecta la forma en que las escuelas públicas estadounidenses atenderán a los estudiantes de ELL de la mejor manera. Este cambio tiene un impacto directo en cómo establecemos relaciones con sus **comunidades** y familias para asegurar el éxito de todos los niños en nuestras escuelas. Más específicamente, con la tendencia del aprendizaje a distancia en línea para K-12, el desafío es abordar la pregunta crítica de frente: ¿Cómo podemos diseñar nuestros planes de estudio del siglo XXI para abordar estas transformaciones demográficas y culturales cambiantes?

De los 3.7 millones de maestros K-12 en todo Estados Unidos a partir de 2010, menos del 1% de los maestros de escuelas públicas son instructores de ESL. Eso significa que solo hay un instructor de ESL por cada 150 estudiantes de ESL en comparación con la proporción estándar de aula de un maestro por cada 15 estudiantes. De los maestros que atienden a estudiantes ELL, menos del 8% tienen certificaciones bilingües de ESL. No hay suficientes maestros para atender a la población escolar de ELL ahora, y mucho menos a medida que avanzamos hacia el futuro.

Para agravar la falta de instructores de ESL capacitados, el 38% de la fuerza laboral estadounidense está compuesta por millennials (adultos entre las edades de 22 y 38 años en 2019). Estos jóvenes han usado computadoras, laptops, teléfonos y otros dispositivos electrónicos desde que comenzaron la escuela y sus niveles de uso son cómodos. Muchos de ellos fueron contratados como maestros en nuestras **comunidades** escolares. Sin embargo, muchos maestros de la generación del milenio no han trabajado con poblaciones diversas, especialmente con niños en situación de pobreza.

El cambio en la edad y la experiencia de los maestros de hoy es importante porque muy poco desarrollo profesional actual para maestros y padres incluye enfoques holísticos para abordar la equidad, la pobreza, la diversidad, los cambios en los estándares nacionales, los cambios causados por la aulas. La mayoría de los maestros más jóvenes han aprendido a enseñar así el contenido de un examen en lugar de recibir capacitación para comprender cómo piensan y aprenden los niños.

El cerebro procesa información todo el tiempo. Digiere la experiencia hasta cierto punto de la misma manera que digerimos los alimentos. Siempre está respondiendo al complejo contexto global en el que está inmerso. Los educadores deben enfrentarse a ese hecho. La educación basada en el cerebro implica experiencias y significado.

— Caine y Caine

EL IMPACTO DE LA TECNOLOGÍA

La tecnología es una gran herramienta, pero es solo una modalidad. La competencia requiere que nuestros estudiantes dominen muchas modalidades, incluida la impresión antigua y el intercambio cara a cara.

— Louise El Yaafouri

Para agravar aún más los desafíos que enfrentan los maestros con los cambios demográficos, también están enseñando a niños que ahora algunos llaman la *generación Swipe* debido al impacto que la tecnología del siglo XXI ha tenido en ellos. En otras palabras, los **cerebros** de las generaciones más jóvenes han adaptado sus neurotransmisores para procesar la información de una manera completamente diferente a los de las generaciones mayores que los de la generación del milenio. Debido a estos procesos de diferencia, a menudo es un desafío para los maestros y los padres saber cómo involucrar a los estudiantes con curiosidad, interés e inversión.

La *Generación Swipe* se refiere a los niños que crecieron después de que Steve Jobs de Apple presentara el primer iPhone en 2007, teléfonos que uno podía deslizar para obtener algo, ir a algún lado y obtener información rápidamente. Simultáneamente con el lanzamiento del iPhone, Jeff Bezos en Amazon lanzó Kindle, un formato de libro electrónico que se leía deslizando las páginas.

Los padres hispanos en particular acudieron en masa a estos nuevos dispositivos electrónicos para mejorar la comunicación con sus familias y mantenerse informados sobre la escuela, el niño y el hogar, convirtiéndose así en inmigrantes digitales. Mientras tanto, sus hijos conocieron y se sumergieron en la nueva tecnología en varias etapas de la escuela a medida que aprendían nuevas habilidades por primera vez, lo que los convirtió en nativos digitales a una edad muy temprana. La tendencia hacia la enseñanza a distancia y en línea ha hecho que el uso de dispositivos electrónicos sea esencial para el aprendizaje, desde pre-kínder en adelante. Por lo tanto, el teléfono celular de los padres juega un papel vital en la capacidad del niño para completar el trabajo escolar en línea y mantenerse conectado con la comunidad escolar.

Según Pew Research, la gran mayoría de los estadounidenses (96%) ahora posee un teléfono celular. La propiedad de un teléfono celular ahora abarca a todos los grupos demográficos.

La generación actual de padres hispanos está completamente ocupada, absorbida, consumida y, en un número creciente de casos, obsesionada con sus tabletas, iPads, teléfonos inteligentes y la miríada de redes sociales que las acompañan en estos dispositivos electrónicos.

> *Las tecnologías físicas y sociales han evolucionado... No tenemos más remedio que aprender a adaptarnos a este nuevo ritmo de cambio.*
>
> — Thomas Friedman

Diseñados para usarse de manera intuitiva, los dispositivos actuales son tan fáciles de aprender que incluso nuestros niños más pequeños pueden navegar por ellos. Sin embargo, el uso excesivo por parte de los niños es la preocupación de muchas, si no todas, las madres hispanas, por muchas razones, incluidas las largas horas en línea que provocan fatiga **cerebral**, la falta de dispositivos suficientes para todos los niños en un hogar, software y dispositivos obsoletos y prohibiciones costo de reemplazarlos. Muchas madres hispanas no tienen experiencia en el uso de iPads y computadoras.

Somos la primera generación de padres que tiene
que hacer este seguimiento .... ¿Puede decirme qué
dispositivo puedo usar para solucionar el problema ...
qué es lo que necesito entender sobre los dispositivos y
cómo controlar el hábito con el que se han formado mis
hijos respecto a su dispositivo ...

— Kamenetz y Weiner

La tecnología que cambia rápidamente nos ha catapultado a un cambio social y una conciencia sin precedentes, dejándonos sin preparación, pero responsables, para abordar las consecuencias de este trastorno social y emocional.

No solo tenemos acceso instantáneo a la información las 24 horas del día, los 7 días de la semana, nuestro comportamiento digital ahora se ha integrado en nuestro sistema nervioso y en el de nuestros padres y sus hijos.

SEGUIMIENTO Y MEDICIÓN DEL APRENDIZAJE EN LÍNEA

Los juegos [digitales] proporcionan un mundo narrativo
de significado, consecuencias y relevancia para motivar e
involucrar a los jugadores. La cuestión central de los
juegos de aprendizaje es la transferencia.

— Justin Reich

A los niños de hoy les encantan los juegos, como siempre. La historia de los juegos se remonta a miles de años. Los juegos de mesa y dados se remontan a casi 5.000 años. Los juegos de hoy son diferentes, pero aún juegan un papel integral en el aprendizaje y la socialización. Jugar crea la capacidad de concentrarse e imaginar escenarios. Los juegos enfatizan la capacidad de tomar decisiones. Más significativamente, los juegos ayudan a los niños a desarrollar la capacidad de seguir instrucciones y reglas, crear significado y consecuencias, y transferir las habilidades a través de juegos que están aprendiendo, todas habilidades críticas.

Los juegos digitales han cambiado la educación a través del aprendizaje en línea. Sin embargo, aunque los juegos de computadora apelan a la intuición humana, no instruyen a los niños sobre cómo mantenerse concentrados en la tarea que tienen entre manos. Además, Justin Reich señaló que si bien aquellos que juegan con vigor los juegos digitales de "**memoria** de trabajo" mejoran en otros juegos digitales, no necesariamente mejoran en las tareas cognitivas. Cuando juegan juegos digitales, los niños a menudo no pueden tomar las mejores decisiones para ellos si se les deja desatendidos durante largos períodos de tiempo. Sin mediación, es fácil que se distraigan con las imágenes y opciones que incluyen los programas. Por lo tanto, la mediación y el seguimiento de los adultos se vuelven necesarios para garantizar que los juegos se utilicen para el propósito previsto. El maestro o el padre todavía tiene un papel real que desempeñar en el aprendizaje en línea.

A los niños de ELL de hoy les encanta competir en juegos en tabletas electrónicas y computadoras. Compiten por puntos. Cuanto más rápido avanza el juego, más ruidosos y **comprometidos** se vuelven los estudiantes, lo que a veces culmina en una discusión o un comportamiento perturbador.

La mediación y la tutoría de los medios desde la perspectiva de los padres pueden ayudar a nuestros niños de ELL a observar los efectos emocionales de la competencia y ayudarlos a observar la diferencia entre competencia y cooperación. Esa competencia vertiginosa con el comportamiento agresivo que la acompaña, se ha convertido en una toxina en el **cerebro** de nuestros hijos.

Mientras más padres dejen a sus hijos solos usando una tableta o teléfono inteligente, participando en las redes sociales o jugando un juego de computadora, más malhumorados se vuelven los niños. Los padres quieren saber cómo gestionar y controlar este nuevo problema.

¿ASÍ QUE QUÉ HACEMOS?

El nuevo fenómeno de aprender en línea a través de teléfonos celulares, computadoras y almohadillas, en el aula y en casa, ha demostrado que nuestra generación más joven tiene cambios **cerebrales** que les permiten aprender en milisegundos. Los estudiantes aprenden de manera diferente a los de generaciones pasadas y requieren más ayuda con su pensamiento, aprendizaje socioemocional y **memoria** de muchas maneras. ¿Están los padres de hoy equipados para manejar estos cambios fisiológicos en el **cerebro** de sus hijos? ¿Conocen las mejores formas de utilizar esta información para ayudar a sus hijos a aprender?

Según David Eagleman, el **cerebro** de un niño debe activarse a través del compromiso a través de la interactividad social. La plasticidad neuronal del **cerebro** debe cambiar. Los padres y los maestros deben explicar y tener actividades claras que requieran el compromiso total tanto del alumno como del maestro, la inversión en ayudar al niño a aprender y la curiosidad por saber cómo lograrlo.

Una nueva práctica, denominada tutoría en medios, ha surgido tanto en la educación tecnológica como en el aprendizaje socioemocional y ahora sirve como una guía ofrecida por la Academia Estadounidense de Pediatría.

Ser mentor significa comprender los medios que usan los niños.

— Kamenetz y Weiner

Específicamente, la tutoría (o **mediación**) de los medios es contraria a lo que los padres y maestros están haciendo actualmente, que es programar, administrar y controlar el tiempo de nuestros hijos en los dispositivos electrónicos.

La tutoría es una forma de **aprendizaje mediado** en el que un padre, como entrenador de aprendizaje, observa para ver el efecto emocional que la tecnología (dispositivos, software y juegos) tiene en los niños que la usan. Aquí, se convierte en un proceso de toma de decisiones y estrategias de aprendizaje socioemocional para los padres con sus propios hijos para ayudarlos a comprender qué es real y qué se simula.

Actualmente, no solo se espera el acceso a la tecnología física y social para el aprendizaje escolar, sino que también, nuestros niños están inmersos en la profunda y oscura Internet durante la escuela, después de la escuela y durante toda la noche cuando deberían dormir.

Tanto los maestros como los padres deben aprender las estrategias para el aprendizaje **mediado**, la tutoría y el seguimiento de los niños en sus comportamientos cuando utilizan la tecnología.

Los educadores están presentando a los estudiantes una variedad de atractivas aplicaciones y dispositivos de aprendizaje educativo para lectura y matemáticas. Los niños, sin embargo, a menudo llegan a la escuela con las habilidades técnicas y inteligentes necesarias para explorar y aprender. Las escuelas deben enfocarse en el desarrollo profesional para maestros y padres sobre cómo mediar y guiar para un crecimiento socioemocional de calidad, pero también deben enfocarse en los controles y cerraduras de los padres para la protección de los niños.

Por otro lado, la nueva tecnología (particularmente los teléfonos inteligentes) tiene sus ventajas en las **comunidades**, especialmente con los padres hispanos, quienes, según la investigación, están más inclinados a conectarse socialmente. Esta es una gran ventaja para programar, comunicarse, construir una comunidad o trabajar en lectura o matemáticas con sus hijos en casa. Al utilizar aplicaciones en las comunicaciones diarias (como Dojos y Remind), los padres pueden rastrear el comportamiento de sus hijos y mantenerse informados de inmediato de cualquier problema que surja con respecto a las actividades y el aprendizaje de sus hijos.

Afortunadamente, las nuevas herramientas tecnológicas ayudarán en este esfuerzo ... como mínimo, nuestros sistemas educativos deben ser reestructurados para maximizar estas habilidades y atributos necesarios: sólidos fundamentos en escritura, lectura, codificación y matemáticas; creatividad, pensamiento crítico, comunicación y colaboración, en todos los niveles.

— Thomas Friedman

CAPITULO 2
Desarrollando un nuevo
Modelo de participación para padres

Las familias no solo aprenden cómo pueden aumentar el aprendizaje de sus hijos y convertirse en socios en la escuela, sino que también participan en el liderazgo escolar ... Se convierten en embajadores familiares en la escuela, contactando a otras familias e involucrándolos en sesiones que aumentan sus conocimientos y regalos. una oportunidad para que participen en la escuela.

— María S. Quezada, Ph.D.

Al desarrollar un nuevo **modelo de participación** para los padres, es necesario que haya una forma completamente nueva de pensar, planificar, relacionarse e implementar. El **modelo** debe ser no tradicional y, significativamente, más relacional de lo que se ha presentado en talleres en el pasado.

Debido al énfasis en el aumento de la participación de los padres en los últimos años, las escuelas recurrieron a la organización de eventos tradicionales que se esperaba que aumentaran la asistencia de los padres a funciones relacionadas con la escuela. Algunas de las funciones han sido eventos de una o dos horas como jornadas de puertas abiertas, noches de regreso a clases, conferencias de padres y maestros, celebraciones, presentaciones de estudiantes, festivales multiculturales, sesiones de información para padres y talleres sobre varios temas.

Aunque estos esfuerzos tradicionales de eventos patrocinados por la escuela pueden ser útiles, no tienen como objetivo mejorar intencionalmente el comportamiento de los estudiantes o acelerar el aprendizaje de los estudiantes. Estos tipos de eventos simplemente informan e involucran a los padres con información sobre su hijo en la escuela, como vacunas, conferencias de padres y maestros y procedimientos operativos de la escuela.

Si bien las actividades de participación familiar se han requerido en los programas educativos financiados por el gobierno federal y la mayoría de los financiados por el estado desde la década de 1960, sigue siendo el menos comprendido o implementado de los elementos clave de la reforma educativa.

— María S. Quezada, Ph.D.

En el rango medio de las actividades de **participación de los padres** que tienen un nivel ligeramente mayor de impacto en el aprendizaje de los estudiantes, se encuentran los institutos y academias de capacitación para padres, las noches de regreso a clases y las tareas interactivas, especialmente para el aprendizaje a distancia y en línea. Como cualquier otra práctica o iniciativa impulsada por la escuela, los eventos bien planificados, diseñados e implementados que son apoyados activamente y valorados por las partes interesadas de la comunidad escolar tienen un mayor potencial de éxito.

Al desarrollar mi **modelo**, descubrí que, al ayudar a los padres a tomar conciencia de los comportamientos de aprendizaje de sus hijos a través del aprendizaje **basado en el cerebro** en la escuela, en casa están más inclinados a poner mayor énfasis en que sus hijos completen la tarea y en la importancia de sus estudios. Mi investigación indica que estas iniciativas tienen un mayor impacto en el crecimiento académico de los estudiantes.

¿Qué podemos hacer para preparar mejor a los padres para la conexión con el aprendizaje de sus hijos en la escuela y el hogar en un panorama de tecnología que cambia rápidamente?

TRES PILARES DE CONSTRUCCIÓN COMUNITARIAS

Pilar #1: Involucrados vs padres comprometidos

Los cambios demográficos muestran una mayor diversidad que es predominantemente hispana en nuestras escuelas públicas. En su mayor parte, los sistemas escolares ineficaces y desiguales a menudo hacen que los padres hispanos se vean privados de sus derechos, incluso en distritos escolares predominantemente hispanos.

El objetivo de mi **modelo** es ilustrar cómo aumentar el número de padres que participan en la capacitación e **involucrarlos** en varias áreas de conocimiento: el desarrollo infantil y de la edad, el crecimiento del cerebro, el desarrollo del lenguaje, la lectura y la alfabetización, así como la alimentación y otros factores ambientales que afectan el desarrollo infantil y el proceso de pensamiento y aprendizaje en el **cerebro**.

El objetivo anterior es un trampolín muy diferente en lugar de simplemente involucrar a los padres que asisten a algún evento informativo aleatorio de regreso a la escuela.

Los padres **comprometidos** están empoderados y motivados, y toman un papel más activo en el pensamiento y el aprendizaje de sus hijos, porque aprenden personalmente el cómo (o proceso) de aprendizaje y el por qué (o razones para aprender) para ayudar más a sus hijos en casa. efectivamente.

Los padres verdaderamente **comprometidos** no solo están marcando la casilla con la asistencia a las reuniones de padres y regresando a casa más abrumados y confundidos que cuando llegaron. Los padres **comprometidos** comienzan a construir relaciones entre ellos, con la escuela y con la comunidad.

> *La investigación sobre la construcción de relaciones con las familias muestra que las relaciones que se nutren y desarrollan con las familias en la comunidad escolar son de suma importancia. Sin embargo, fomentar estas relaciones para nuestras comunidades de color significa honrar lo que aportan a la escuela.*
>
> — María S. Quezada, Ph.D.

Los padres **comprometidos** hacen preguntas, brindan retroalimentación en las capacitaciones y contribuyen más al proceso de toma de decisiones que tiene un impacto directo en el éxito o el fracaso de sus hijos. Los padres **comprometidos**, cautivados por escuchar nueva información y lo que esa información puede significar para sus hijos, están llenos de preguntas.

Como señaló uno de los padres en la capacitación: "Aprendí de todos los días (de capacitación) a ser paciente ... que no importa cuál sea el problema, hay una manera de enseñar y aprender, para que nuestros hijos puedan salir adelante por sí mismos." Los padres **comprometidos** están absortos en tomar notas, hambrientos de materiales para llevar a casa, deseosos de trasladar este aprendizaje al hogar. Un padre dijo: "Tres pasos para las instrucciones es menos duro para mis hijos y les ayuda a prestar más atención".

Los padres **comprometidos** ya no están al margen "solo tratando de ayudar", señaló uno de los padres. Los padres **comprometidos** se vuelven más informados. Los padres informados e ingeniosos comprenden el papel del **cerebro** en el proceso de aprendizaje de sus hijos y son defensores de la integración de tantas formas de apoyo cognitivo en forma de estrategias como sea posible. Estos son padres **comprometidos**.

Mi investigación sugiere firmemente que los padres de estudiantes de ELL necesitan una capacitación bien definida que conecte y sirva de puente entre las estrategias para aprender de la escuela al hogar de una manera sostenible mediante el aprendizaje del **cerebro**. A través de la participación activa, los padres se capacitan en procesos y procedimientos que señalan una mejor **memoria**, conexiones y pensamiento en el **cerebro**.

Pilar # 2: Aprender a aprender la participación de los padres

Los padres son los primeros maestros de un niño. Los padres pueden ayudar a sus hijos a aprender. La repetición de patrones y el desarrollo de diálogos con un niño son fundamentales a una edad muy temprana. Cuando los niños aprenden a aprender de un adulto, se vuelven mejores oyentes y desarrollan comportamientos de aprendizaje más críticos en el aula de la escuela. La **participación de los padres** puede conducir a una mayor mejora en los comportamientos de aprendizaje de los estudiantes.

Cuando una tarea está más o menos alineada con nuestros objetivos más amplios, nuestro circuito cerebral viene a reflejarla.

— David Eagleman

Antes de que se pueda desarrollar una capacitación eficaz para la participación de los padres, es necesario explorar varias preguntas para comprender las necesidades específicas del grupo. La siguiente es una guía que ayudará a establecer lo que es importante para ellos y determinar si están al tanto de las necesidades de sus hijos.

1. ¿Su hijo escucha? ¿Puede su hijo repetir lo que acaba de decir?
2. ¿Entiende su hijo las instrucciones que le da?
3. ¿Su hijo comprende los límites?
4. ¿Quiere su hijo aprender a leer? ¿Sabe su hijo por qué la lectura es importante?
5. ¿A su hijo le gustan las matemáticas?
6. ¿Qué le interesa a su hijo?

Varias preguntas necesitan ser exploradas por los administradores:

1. ¿Conoce a los padres por su nombre?
2. ¿Conoce su dinámica familiar?
3. ¿Sabes por qué viven en el barrio de la escuela?
4. ¿Sabes quiénes son sus amigos y vecinos?
5. ¿Sabes si confían en alguien?
6. ¿Sabes si tienen trabajo?
7. ¿Sabes quién cuida a sus hijos?
8. ¿Sabes si les importa la escuela? Si es así, ¿qué quieren de la escuela para sus hijos?

9. ¿Vigilan qué tan tarde se quedan despiertos sus hijos por la noche?

10. ¿Alimentan a sus hijos en un horario fijo?

La formulación de ambos conjuntos de preguntas en las etapas de planificación puede mostrar información reveladora. Para nuestros padres, la preocupación constante por "¿Cómo le va a mi hijo en la escuela?" ya se ha medido mediante una miríada de exámenes estatales estandarizados, pero esos puntajes de las pruebas no revelan las barreras de aprendizaje que enfrentan.

Mis experiencias me han informado que los padres quieren saber las estrategias para pensar, además de cómo hacer que suceda. Sin embargo, existen mayores posibilidades para los padres que están **comprometidos** con la escuela a fin de ayudar a sus hijos a trabajar hacia el éxito académico.

En mi **modelo** de **participación de los padres**, los estudiantes de ELL y sus padres aprenden a pensar por sí mismos y se convierten en aprendices autodirigidos. A los padres hispanos se les enseña sobre el **cerebro**, sobre qué, por qué y cómo se conectan los **cerebros** para pensar y sobre cómo pensar sobre lo que están aprendiendo. En pocas palabras, esto se llama metacognición.

Se forman nuevas células **cerebrales** cada vez que un niño tiene una nueva idea, pensamiento o experiencia. Hacer hincapié en esto a los padres es fundamental porque tienden a hacer todo por sus hijos. Cuando los estudiantes de ELL y sus padres adquieren un nuevo aprendizaje sobre el **cerebro**, se vuelven mucho más ingeniosos para alcanzar las metas académicas y familiares. Mi investigación muestra que aprenden a ser mucho más curiosos, creando un deseo y motivación para leer y escribir de forma regular, lo cual es esencial para su futuro.

Pilar # 3: Compromiso de los maestros

Cuando prosperan entornos de aprendizaje más inclusivos y equitativos, se crean aulas más significativas y productivas. En su versión inicial, mi **modelo** invitó a los padres a entrar en las aulas después de una capacitación completa para trabajar en estrategias con sus hijos.

Cuando los padres vienen a la escuela de manera constante y se comunican rápidamente en lo que se refiere a su hijo, los maestros son más capaces de ayudar a los estudiantes a aprender a sintetizar, evaluar y crear con la información que están aprendiendo en el aula. Lo único que es muy difícil de cambiar en el aula es el estrés en el hogar.

> *El estrés crónico y agudo está integrado en el cerebro en desarrollo de los niños ... En comparación con una neurona sana, una neurona estresada genera una señal más débil, maneja menos flujo sanguíneo, procesa menos oxígeno y extiende menos ramas conectivas a las células cercanas ... Los factores estresantes impredecibles afectan gravemente al cerebro capacidad de aprender y recordar.*

— Eric Jensen

Los **padres** quieren y necesitan estar al tanto de lo que está sucediendo tanto en el hogar como en el aula para poder apoyar lo que sus hijos están aprendiendo en la escuela. También ayuda a aprender a participar en el apoyo a sus hijos en el proceso de aprendizaje en casa. Como resultado, los padres están más preparados para comprender y abordar preguntas como las siguientes:

1. ¿Cómo escucha mi hijo? ¿Cuáles son las formas de escuchar?

2. ¿Cómo afectan a mi hijo las interrupciones en el salón de clases?

3. ¿Qué tipo de problemas de aprendizaje afectan a mi hijo?

4. ¿Qué necesita comprender mi hijo sobre las instrucciones para la tarea?

5. ¿Cómo afecta la comida en la cafetería a mi hijo?

ESCUELAS ÓPTIMAS

Óptimo literalmente significa poder y recursos *(ops-)* aplicados a los mejores *(-tumos)* para crear un nuevo estado. En biología, óptimo se refiere a las "condiciones más favorables" para sustentar la vida.

En la medida en que el término *óptimo* se relaciona con este libro, se trata de construir **comunidades** de padres informados y **comprometidos** en áreas geográficas que tradicionalmente, o que han perdido el derecho a voto. Aunque económicamente pobres, estas **comunidades** son social y culturalmente ricas y pueden alcanzar niveles óptimos que conducen a la participación.

Mi **modelo** de capacitación trata sobre lo que las escuelas pueden hacer para apoyar a los padres en el proceso de pensamiento y aprendizaje de los niños, incluso hasta el punto de comprender el significado de las pruebas estandarizadas. Cuando el enfoque está en la experiencia de los estudiantes en la educación, el proceso de participación de los padres se transforma, creando un efecto dominó que, en última instancia, beneficiará a los maestros, los administradores y la comunidad en general. Un **modelo** reflejado se construye alrededor de un único enfoque o objetivo. Todas las escuelas y distritos pueden crear un modelo basado en un nexo con su propio contenido. Mi modelo reflejado de compromiso y el **cerebro** produce pensadores y aprendices.

MODELO DE PARTICIPACIÓN DE PADRES PENSAR Y APRENDER

Mi **modelo reflejado** (ver figura a continuación) está diseñado para padres cuyos hijos y sus maestros participan en un entrenamiento **basado en el cerebro**.

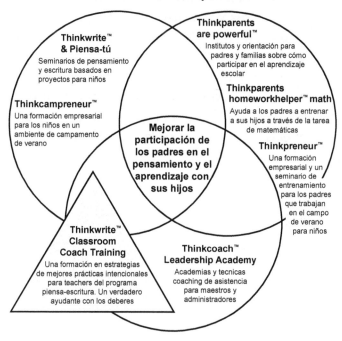

Piensa y aprende

¡Un modelo integrado para asociaciones con verdaderos padres!

Thinkwrite™ & Piensa-tú
Seminarios de pensamiento y escritura basados en proyectos para niños

Thinkparents are powerful™
Institutos y orientación para padres y familias sobre cómo participar en el aprendizaje escolar

Thinkparents homeworkhelper™ math
Ayuda a los padres a entrenar a sus hijos a través de la tarea de matemáticas

Thinkcampreneur™
Una formación empresarial para los niños en un ambiente de campamento de verano

Mejorar la participación de los padres en el pensamiento y el aprendizaje con sus hijos

Thinkpreneur™
Una formación empresarial y un seminario de entrenamiento para los padres que trabajan en el campo de verano para niños

Thinkwrite™ Classroom Coach Training
Una formación en estrategias de mejores prácticas intencionales para teachers del programa piensa-escritura. Un verdadero ayudante con los deberes

Thinkcoach™ Leadership Academy
Academias y tecnicas coaching de asistencia para maestros y administradores

Nuestras academias de formación altamente efectivas están estructuradas para ayudar a maestros, padres y niños a maximizar y enriquecer el aprendizaje experimentado en un ambiente divertido y de apoyo

Altamente estructurado, el **modelo de participación de los padres** llamado *Think & Learn* se creó en base a una extensa investigación y experiencia de primera mano en distritos escolares en cinco estados durante el transcurso de una década. El **modelo** representa las mejores prácticas de la investigación basada en el **cerebro**, así como los programas para maestros, padres y estudiantes. La investigación incluyó comentarios directos de los padres que participaron en todas las sesiones de entrenamiento **basadas en el cerebro**.

El **modelo**, con sus hábitos intencionales **basados en el cerebro**, no se trata solo de la relación entre la escuela y el hogar entre el maestro y los padres. Se trata de desarrollar estrategias intencionales dentro de las actividades que ayudaron a los padres y maestros a participar y mantenerse **comprometidos**. Esto sucede al enfocarse en el propósito, la responsabilidad social y el apoyo social y emocional de la familia. Así, también, el **modelo** y su entrenamiento perfeccionan las habilidades de los padres para alinearlas con el desarrollo cognitivo, el pensamiento y el aprendizaje, así como con el desarrollo socioemocional tanto para padres como para niños.

CAPÍTULO 3
Enfrentando los desafíos de hoy de frente

En muchos hogares pobres, la educación de los padres es deficiente, el tiempo es corto y las emociones cálidas son un factor primordial, todos factores que ponen en riesgo el proceso de armonización. Los cuidadores tienden a trabajar en exceso, estresarse demasiado y ser autoritarios con los niños, y utilizan las mismas estrategias disciplinarias duras que utilizan sus propios padres. A menudo carecen de calidez y sensibilidad y no logran formar relaciones sólidas y saludables con sus hijos.

— Eric Jensen

En cada distrito escolar utilizado para mi investigación de capacitación **basada en el cerebro**, incluidos los entornos urbanos y suburbanos, y una de las ciudades fronterizas de más rápido crecimiento en Texas, se entregó una breve encuesta a los padres hispanos. En la investigación más reciente, 40 padres realizaron una encuesta preliminar. Busqué su relación, creencias, intereses, antecedentes y sus propios antecedentes educativos como parte de la orientación para el entrenamiento **basado en el cerebro**.

Al igual que los padres hispanos en los distritos escolares de las grandes ciudades, muchos padres que respondieron la encuesta más reciente recordaron haber aprendido materias académicas básicas en la escuela. Rara vez recordaban haber salido de la tarea, los desafíos emocionales, los problemas de salud y seguridad o los desafíos sociales en relación con cómo sus hijos estaban aprendiendo en la escuela o en el hogar. También se dieron cuenta de que la vida en un mundo de cambios vertiginosos incluía la nueva realidad del aprendizaje en línea y a distancia y los cambios tecnológicos.

NIVELES DE ESTRES

Un área que los padres consideraron de gran preocupación fue el nivel de estrés que estaban observando en sus hijos en relación con la escuela y las pruebas. Sumado a esto, los padres notaron una serie de situaciones estresantes adicionales, como la tarea, las matemáticas nuevas y la lectura en busca de significado.

Algunos padres expresaron preocupación porque, además de los problemas en el hogar, las escuelas se estaban volviendo perjudiciales para la salud de sus hijos.

> *Los problemas comunes en las familias de bajos ingresos incluyen depresión, dependencia química y horarios de trabajo agitados, todos factores que interfieren con los apegos saludables que fomentan la autoestima de los niños, el sentido de dominio de su entorno y las actitudes optimistas.*
>
> — Eric Jensen

En consecuencia, lo que los padres querían para sus hijos era menos estrés en la escuela, más lectura y más comprensión sobre el trabajo académico que sus hijos debían completar, incluida la tarea.

La mayoría de los padres expresaron dificultad y frustración al saber cómo ayudar a sus hijos con la tarea. "Trato de ayudarlo para que sepa lo que tiene que hacer", dijo un participante. "Busco a alguien mayor, como un niño mayor, o alguien que hable inglés, que pueda explicar las instrucciones de una tarea, para que yo pueda ayudar".

Los padres que querían involucrarse más en la escuela de sus hijos expresaron su decepción porque los maestros no permitieron que los padres entraran a las aulas y no respondieron los correos electrónicos solicitando ayuda sobre lo que su hijo necesitaba para completar su tarea.

Mi investigación mostró repetidamente que, en general, los maestros no eran muy útiles para los padres. Los padres necesitan que la relación con los maestros sea más una asociación que se mantenga en el tiempo, una relación que sea fácil de alcanzar, asesorar e informar.

Los padres respondieron abrumadoramente que generalmente se sentaban y ayudaban a sus hijos tanto como era posible, como lo indicaban las respuestas más frecuentes: "Me siento con ellos", "Me siento con ellos; Trato de explicarles" y "les ayudo".

BARRERAS DEL SIGLO XXI

Mi investigación expuso las siguientes barreras del siglo XXI para los padres cuando se trata de sus hijos, la escuela y el hogar. Los resultados fueron los siguientes: **impacto cognitivo, impacto socioemocional** e **impacto en la construcción de capital social**.

Impacto cognitivo

Padres que desconocen el papel del cerebro y el aprendizaje

A menudo, los niños pobres viven en hogares caóticos e inestables. Es más probable que provengan de hogares con un solo tutor, y sus padres o cuidadores son menos

*receptivos emocionalmente ... Los niños pequeños son
especialmente vulnerables a los efectos negativos del
cambio, la interrupción y la incertidumbre. Los niños en
desarrollo necesitan cuidadores confiables que ofrezcan
una alta previsibilidad, o sus cerebros generalmente
desarrollarán respuestas adaptativas adversas. La
privación socioeconómica crónica puede crear entornos
que socaven el desarrollo de uno mismo y la capacidad
de autodeterminación y autoeficacia.*

— Eric Jensen

Los resultados de mi investigación indicaron que los padres
saben muy poco sobre el **cerebro**. Tampoco saben cómo
funciona en el desarrollo de conductas de aprendizaje y
procesos de pensamiento.

Al iniciar y aumentar la conciencia de los padres sobre el
papel del **cerebro** en el hogar y luego en el proceso de
aprendizaje, es más probable que los padres consideren
aprovechar las innumerables influencias cognitivas y el
entrenamiento a su disposición. Cuando los padres
comprenden más sobre los elementos necesarios para una
experiencia de aprendizaje estudiantil optima, se interesan
más en ser un modelo a seguir "relevante" para sus hijos y
defensores más firmes del aprendizaje de los estudiantes.

Impacto emocional

Las barreras tienen un impacto social y emocional en los
padres que se refleja en su enfoque hacia sus hijos y su escuela,
su papel como padre y su propósito para sus familias.

Las barreras emocionales a menudo son difíciles de manejar
en el día a día porque los problemas comunes, como la
depresión, la dependencia química o la alimentación de los
niños en un horario de rutina y oportuno, se vuelven
demasiado para los padres de niños de ELL. Estos factores

conducen a apegos infelices y, a menudo, insalubres. Los problemas de comportamiento y el bajo rendimiento escolar conducen a un rendimiento académico deficiente.

Según mis experiencias, hay un punto clave sobre nuestros estudiantes ELL que he aprendido. Muchas veces, los niños ELL se quedan en las casas de sus abuelos después de la escuela. Miran novelas durante toda la noche y ven el comportamiento de los adultos hablando de manera espantosa entre ellos en estos programas de televisión. Luego vienen a la escuela y emulan ese comportamiento y lenguaje con otros niños. Las madres deben intervenir una vez que se les explique éste comportamiento.

Construcción de capital social

Cuando mantenemos conversaciones sobre **comunidades** de pobreza y sus escuelas, intentamos hablar sobre factores estresantes perturbadores que interfieren y son problemas intrusivos.

La frase *capital social* sugiere medir los factores estresantes en números. Esta es una práctica común en los distritos escolares. Sin embargo, mi investigación demostró que las familias hispanas y los padres que participaron en las capacitaciones eran un poco diferentes, basándose en relaciones con un propósito.

> *Una comunidad social es saludable cuando las relaciones se sienten profundamente, cuando hay historias de confianza, un sentido compartido de pertenencia mutua, normas de compromiso mutuo, hábitos de asistencia mutua y afecto real de un corazón y alma a otro.*
>
> — David Brooks

La construcción de capital social se refiere a capacitar a los padres en la organización de su tiempo y el tiempo en familia. Los padres notaron que este concepto requería paciencia para aprender a organizarse.

La construcción de capital social se volvió fundamental para la comunicación con sus familias. Escuchar, organizar y usar palabras como *asociación, roles, planificación* y *comunicación* se vieron muy favorecidos después de varios días de capacitación.

Recursos y tiempo limitados

Los programas organizados y dirigidos por las escuelas no siempre reconocen o aprecian los horarios de los padres y otras demandas de su tiempo. Algunas áreas de preocupación incluyen reuniones de padres programadas en horarios inconvenientes para los padres.

Los padres suelen tener dos trabajos. Los servicios de cuidado infantil deben estar disponibles para los niños más pequeños de la familia. Lo más significativo es que, cuando sea posible, es importante incluir comidas, sándwiches o refrigerios porque el hambre es a menudo un problema real o es posible que se hayan saltado una comida para tener tiempo para asistir a la reunión.

Lenguaje y cultura

Antes del siglo XXI, las barreras lingüísticas y culturales se centraban principalmente en el idioma, en términos de español o inglés. Hoy, la atención se centra en "¿Qué se supone que debe aprender mi hijo?" y "¿Qué dicen las instrucciones que debe hacer el niño para completar la tarea?" Cuando los maestros no transmiten o explican esta información con claridad, se crean barreras entre los padres y la escuela.

DETERMINANDO LAS NECESIDADES
DE UN GRUPO DIVERSO

A menudo, los coordinadores de **participación de los padres** me piden sugerencias o consejos sobre cómo debería ser el programa para padres diversos en función de la diversidad de la escuela.

Al reflexionar sobre ésta cuestión, mi primer pensamiento es que todo debería abarcar un **nexo** o punto focal. Para mantenerse enfocados, los coordinadores deberán reunir a los miembros de la comunidad con todas las partes interesadas dando vueltas alrededor de un punto posicional. Por ejemplo, en nuestro equipo, llamamos a nuestro **nexo** "mejorar la **participación de los padres** en el pensamiento y la alfabetización con sus hijos".

Comienza con el **cerebro**. En mi axioma, el **cerebro** es lo primero porque Dios hizo el **cerebro**. El **cerebro** es lo único que formula una diferenciación humana de todos los demás animales que viven en la Tierra.

Animo a los coordinadores de **participación de los padres** a pensar en **modelos** para usar. La clave para seleccionar e implementar un **modelo** son las encuestas que se distribuyen a los padres y las partes interesadas. Las encuestas incluyen preguntas sobre los problemas que están tratando y los problemas que les gustaría haber cubierto en una capacitación. Aquí hay unos ejemplos:

- ¿Qué saben ya?
- ¿Qué necesitan saber?
- ¿Qué es lo que ellos quieren saber?

Determine primero el **nexo** central. Los coordinadores deben decidir el **nexo** central basándose en las aportaciones de los padres y las partes interesadas.

Los coordinadores deben definir y comprender la demografía de la ciudad y las poblaciones a las que sirven las escuelas. Esto dictará qué **modelo** seleccionar.

La diversidad es el cliente al que vas a atender. El producto es la formación, los nuevos pensamientos y su información, así como la formación y reforma con la que se irán.

Entorno lingüístico y de formación

Otra variación de la pregunta del coordinador de **participación de los padres** implica la amplia variedad de idiomas que hablan los padres, como el somalí, el birmano, el suajili o el árabe. Los coordinadores del programa querrán saber qué impacto tendría la capacitación si traducen e interpretan la capacitación para los padres.

El idioma es importante, pero el entorno de formación también es importante. Se debe poner más énfasis en qué niveles de grado y edades funcionan mejor juntos. Por ejemplo, las mamás con hijos de la misma edad trabajan mejor juntas.

Si está buscando traducir, le recomendaría gastar parte de su dinero del Título I para invertir en dispositivos de traducción. Los usamos en varios distritos escolares con gran éxito y vienen con un menú de cientos de idiomas.

Hace poco me transferí de un distrito escolar, el 18º más grande del país, que usa una herramienta llamada *Language Links*. Cualquiera en cualquier escuela del distrito, cualquier administrador o maestro, puede levantar el teléfono y conectarse instantáneamente con un centro de llamadas monitoreado continuamente. El administrador de la escuela podría decir: "Aquí tengo una madre que solo habla mandarín. ¿Me puedes ayudar?" En el otro extremo de la línea, un traductor de idiomas de algún lugar lejano llamará por teléfono y comenzará a hablar mandarín (o cualquier idioma que se necesite) para ayudar a traducir. *Language Links* es probablemente uno de los mejores **modelos** para que los administradores faciliten la comunicación con nuestras diversas poblaciones de padres.

Información y expectativas

Se producen brechas entre una tarea dada en el aula y la discusión de la tarea en la mesa del comedor. Por ejemplo, los niños olvidan qué hacer o cómo hacer la tarea. Piense en las implicaciones del clásico "Juego telefónico", donde una frase simple dentro de un pequeño círculo de personas comienza con una persona, que susurra la frase a la siguiente persona en la fila. A su vez, esa persona susurra la frase a la siguiente persona en la fila y así sucesivamente. Para cuando la última persona recibe la frase y la dice en voz alta, se ha transformado en algo muy diferente de la frase original. Esto es lo que sucede con las asignaciones de tareas.

¿Se comprenderán las instrucciones que se dieron durante el día escolar cuando el estudiante y el padre finalmente se sienten a discutir una tarea más tarde en la noche?

Entornos domésticos desafiantes

Los padres **comprometidos** tratan de ver el entorno del hogar como un centro de aprendizaje en lugar de un espacio agitado con televisión en el centro. Los horarios de trabajo pueden causar caos y las actividades a menudo no están supervisadas. Los padres comienzan a darse cuenta de que la economía juega un papel importante. Necesitan evaluar las influencias que son perjudiciales para que sus hijos completen las tareas proporcionando los recursos necesarios y el apoyo estructurado, asegurándose de que consuman comidas saludables y se vayan a la cama a una hora razonable.

¿Qué necesitan saber los padres de ELL para ser ayudantes eficientes, efectivos y **comprometidos** en el hogar para sus hijos en la escuela? A través de la investigación, descubrí que a menudo faltaban varios elementos en el hogar que ayudarían a los padres a ayudar a sus hijos. Los elementos fueron:

- Un espacio propio para tareas escolares o aprendizaje a distancia
- Estructura en rutina
- Consistencia en comidas y hábitos
- Un entorno organizado

Cualquiera de las barreras individuales a una comunidad podría resultar perjudicial para involucrar a los padres con el fin de ayudar a sus hijos de ELL a tener éxito en la escuela. Mi investigación mostró que no solo existen múltiples barreras, sino también que a menudo hay poca conciencia de las barreras entre los padres y el personal escolar. Debe provenir del distrito un compromiso con toda la fuerza para abordar estas barreras, y empezar de manera efectiva con el aprendizaje **basado en el cerebro**.

Sección II
Construyendo el modelo de compromiso

CAPÍTULO 4
Aprendizaje basado en el cerebro: Primaria

El nuevo paradigma para lograr la excelencia a través de la equidad se basa en el conocimiento derivado de tres áreas importantes de investigación: (1) desarrollo infantil, (2) neurociencia y (3) influencias ambientales en el desarrollo y el aprendizaje infantil.

— Blankstein y Noguera

El aprendizaje **basado en el cerebro** se refiere a enfoques, métodos y estrategias intencionales de enseñanza y aprendizaje que utilizan innumerables estilos y tipos de actividades, especialmente en lo que respecta al desarrollo cognitivo, y cómo los estudiantes aprenden de manera diferente a medida que envejecen, crecen y maduran social, emocional, y cognitivamente.

El aprendizaje **basado en el cerebro**, señalado por primera vez por Leslie Hart en la década de 1970, como aprendizaje compatible con el **cerebro**, está impulsado por la idea general de que el aprendizaje puede mejorarse y ser más eficiente si los educadores basan cómo y qué enseñan en la neurociencia del pensamiento y el aprendizaje. ¿Qué partes del cerebro se conectan para hacer que el aprendizaje sea más eficiente y productivo, además de duradero, en la memoria del cerebro? Ésta pregunta cambia el énfasis de las prácticas educativas pasadas de seguir los últimos estándares de los maestros, o las convenciones establecidas, al conocimiento sobre cómo pensar y cómo aprender. Entonces, la inteligencia para todos los niños es la capacidad de aprender y comprender cualquier información.

Por ejemplo, se creía comúnmente que la inteligencia era una característica fija que permanecía prácticamente sin cambios a lo largo de la vida de una persona. Sin embargo, descubrimientos recientes en la ciencia cognitiva han revelado que el **cerebro** humano cambia físicamente cuando aprende, y que después de practicar ciertas habilidades, se vuelve cada vez más fácil el continuar aprendiendo y mejorando esas habilidades.

Los hallazgos de que el aprendizaje mejora eficazmente el funcionamiento cerebral, la resiliencia y la inteligencia operativa tienen implicaciones potenciales que tienen gran alcance sobre cómo, las escuelas pueden diseñar sus programas académicos y cómo, los maestros podrían estructurar las experiencias educativas en el aula.

A mediados de la década de 1990, comencé a armar un **modelo** de capacitación diseñado para padres hispanos. Analicé los trabajos de muchos investigadores y autores. Algunos de los autores ya estaban investigando y escribiendo sobre el **cerebro** y el aprendizaje. Una investigadora fue Leslie Hart, quien inició el movimiento defendiendo el papel del **cerebro** en el aprendizaje, mucho antes de que los educadores aceptaran la idea. En *el cerebro humano y el aprendizaje humano (1983)*, Hart describe los patrones y programas del **cerebro** como representaciones tanto de comprensión como de habilidades. Hart enfatizó la importancia de la retroalimentación para corregir y fortalecer las funciones cerebrales y el aspecto vital de la aceptación y el apoyo del alumno en contraste con el miedo y el daño.

En la década de 1990, Rennate y Gregory Caine produjeron un libro profundo e innovador, *Making Connections*, sobre el **cerebro** y el aprendizaje **basado en el cerebro**. Al explicar cómo funciona el **cerebro** para pensar, conectarse y aprender, Caine y Caine discuten el cuestionamiento activo, la construcción de patrones, la creatividad, el uso de una variedad de recuerdos, la capacidad de autocorregirse y autorreflexión, resolución de problemas, procesamiento de información para aumentar significado y comprensión, entre otros conceptos. Casi 30 años después, estamos viendo lentamente estos cambios en los enfoques estratégicos del aprendizaje tanto en las aulas como para la formación de adultos.

El líder educativo y ex maestro Eric Jensen continúa escribiendo y afectando nuestro pensamiento sobre el cerebro y el aprendizaje. Su libro más reciente, *Enseñar teniendo en cuenta la pobreza*, analiza los fundamentos de los temas clave o los temas necesarios para los padres en situación de pobreza que desean aprender más sobre la formación activa y comprometida. A continuación se muestran 10 de sus conceptos que les he generalizado.

1. **Modelos** mentales: ¿Qué ideas o nociones previas tienes?
2. Movimiento y aprendizaje: movimiento táctil y cinestésico como la danza y el juego.
3. Estados emocionales: cómo te sientes cuando estás feliz, triste, preocupado.
4. Entorno físico: un lugar para sentarse, escribir, actuar, moverse y jugar.

5. El **cerebro** social: cómo aprendemos a hablar y actuar entre nosotros.

6. Motivación y compromiso: cuando se incluye a un adulto en uno de los anteriores.

7. Habilidades de pensamiento crítico: cuestionar, inferir, recibir, percibir, organizar.

8. **Memoria** y recuerdo: Juegos rápidos y divertidos para construir patrones de **memoria**.

9. Influencia del maestro-capacitador: compartir cómo el capacitador piensa, percibe y forma ideas.

10. Entornos de la escuela y el distrito: cómo actuar en diferentes entornos; cómo construir relaciones y mantenerlas.

El consultor educativo David Sousa, que escribe sobre el **cerebro** y el aprendizaje, es otro de mis autores favoritos. En su trabajo, analiza cómo la investigación **basada en el cerebro** revela lo que sucede durante el proceso de desarrollo del lenguaje.

Este es un tema clave sobre el que muchos padres están interesados en aprender más. Específicamente, quieren consejos de desarrollo apropiados para su edad. Debido a este interés, enfatizamos en nuestro **modelo** de entrenamiento lo siguiente sobre el aprendizaje y el **cerebro**, en lugar de gritar comandos de una o dos palabras a sus hijos:

> *El cerebro adquiere, almacena y reconoce palabras. Pero para comunicarse de manera eficaz, las palabras deben estar ordenadas en una secuencia que tenga sentido. Los idiomas han desarrollado reglas que gobiernan el orden de las palabras para que los hablantes del idioma puedan entenderse entre sí.*

> — David Sousa

Los padres vienen a las sesiones de capacitación con ideas preconcebidas, por lo tanto, es importante que obtengan una comprensión inicial sobre el desarrollo del **cerebro** y el lenguaje.

Los temas cerebrales deben relacionarse entre sí de alguna manera o patrón único, como el **andamiaje**. Los padres necesitan conocimiento fáctico y el contexto de las actividades para comprender la nueva información y organizar los hechos y la información en un marco conceptual para que la información que comparten con sus hijos tenga sentido.

Para los padres, el **andamiaje** y la organización de la información deben ser lo suficientemente simples como para recuperar la información de su memoria y aplicarla en algún momento en el futuro cercano. La **memoria** se forma a través de sonidos, símbolos, números y patrones que incluyen tales procesos tanto en el lado derecho como en el izquierdo del **cerebro**.

BRAIN B.I.T.S.™

Estrategias temáticas integradas bilingües

Las siguientes cinco tablas de mi investigación describen las diversas etapas del desarrollo del **cerebro**. Esta información se analizó y se transformó en un mini libro sobre el **cerebro** llamado Brain b.i.t.s™ para usar en el entrenamiento de mis padres. He descubierto que estos fragmentos de información son útiles como una forma sencilla de ilustrar las etapas clave del desarrollo cerebral y social, desde el nacimiento hasta los 17 años. Las actividades y preguntas que se forman alrededor de estas mesas animan a los padres a responder y dialogar dentro de sus equipos.

Estas son algunas de las preguntas que se les hacen a los padres cuando consideran a sus hijos en cada etapa:

1. ¿Qué edad tiene su hijo ahora?
2. ¿Qué piensa sobre el crecimiento de su hijo?
3. ¿Qué ha observado en términos de juego, habla, emociones y movimiento?
4. ¿Cuántos de ustedes tienen hijos mayores?
5. ¿Actúan como la descripción para su edad?
6. ¿Qué edad y paso de crecimiento crees que están exhibiendo?
7. ¿Cuáles son algunas de las preocupaciones que tiene con sus hijos más pequeños?
8. ¿Cuáles podrían ser sus preocupaciones con los niños mayores?

Les pedimos a los padres que discutan sus respuestas, ideas, pensamientos, opiniones y creencias en equipos. Descubrimos que este ejercicio es mucho beneficio para los padres.

Estados en el desarrollo del cerebro

Del nacimiento a los 4 años de edad

Pedacitos de cerebro	Pedacitos socio-emocionales
• Organiza información antes de nacer.	• Modela de uno en uno.
• Desarrollo del nacimiento a los 2 años, estructura celular para el movimiento.	• Cuenta en 1, 2, 3.
• Comienza la madurez de las áreas sensoriales.	• Tiene preferencias definidas.
• Forma 'mapas' auditivos al año y palabras a los 2 años.	• Relaciona sonidos y letras.
• Aumenta los patrones **cerebrales** al oir música.	• Imagina, usa fantasías.
• Desarrolla la capacidad para las habilidades de percepción y motoras.	• Comienza a participar en juegos cooperativos.
	• Construye patrones.
	• Recorta siguiendo líneas con una tijera.
	• Se viste solo.
	• Hace diseños.

Estados en el desarrollo del cerebro

Edades de 5 a 7 años

Pedacitos de cerebro	Pedacitos socio-emocionales
• Mayor tolerancia en cuanto a la atención.	• Comparte y participa en juegos organizados.
• Tiene capacidad para cambiar su foco de atención.	• Expresa sentimientos libremente.
• Desarrolla el uso del pasado y el presente.	• Desarrolla el sentido de gratitud lentamente.
• **Piensa** más sobre decisiones y juicios.	• Salta, brinca, camina derecho.
• Tiene control sobre sensaciones tactiles.	• Puede doblar un papel.
• Se completa el sistema de percepción y motor.	• Copia diseños, letras, números.

Estados en el
desarrollo del cerebro
Edades de 8 a 10 años

Pedacitos de cerebro	Pedacitos socio-emocionales
• Mayor tolerancia en cuanto a la atención.	• Trabaja en grupos cooperativos pequeños.
• Desarrolla más la proporción del tiempo.	• Acepta responsabilidades.
• Entiende causa y efecto.	• Entiende reglas de conducta.
• Razona lógica y prácticamente.	• Compite.
• Desarrolla el planeamiento como una habilidad.	• Es sensible.
	• Entiende causa y efecto.
	• Entiende el concepto del tiempo.

Estados en el desarrollo del cerebro
Edades de 11 a 13 años

Pedacitos de cerebro	Pedacitos socio-emocionales
• Desarrolla el pensar acerca del pensar.	• Es importante la influencia de los compañeros.
• El sistema límbico emocional se conecta.	• Logra hacer valer su presencia.
• Ocurre un período de crecimiento en el cerebro.	• Se entiende y se identifica a sí mismo.
• Desarrolla el razonamiento crítico y la razón.	• Miembro de un equipo.
• Puede resolver problemas sistemáticamente.	• Tiene conciencia de sí mismo.
• Mejora el desarrollo motor y la coordinación.	• Desarrollo responsable del comportamiento social.
• Practica el tomar decisiones.	• Comienza un interés sobre profesiones o entrenamiento para habilidades laborales
• Capaz de manejar conceptos abstractos.	• Concepto del tiempo.
	• Desarrollo del conocimiento y habilidades en el trato social y cívico.
	• Pensamiento formal en relación con el desempeño de tareas y responsibilidades.

Estados en el desarrollo del cerebro

Edades de 14 a 17 años

Pedacitos de cerebro	Pedacitos socio-emocionales
• Se estabiliza el crecimiento en el cerebro.	• Necesidad de retos ante tareas abstractas y de razonamiento.
• Necesidad de perfeccionar los sistemas de control del cerebro.	• Necesidad de relaciones sociales positivas con los compañeros.
• Crecimiento de los lóbulos prefrontales: el proceso más largo de desarrollo en el cerebro.	• Períodos de crecimiento físico traen preocupación sobre la apariencia y las habilidades.
	• Deseos de independencia y necesidad de amor.
	• Necesidad de estructura y límites precisos.

CAPÍTULO 5
La base está en el cerebro.
Programas de capacitación para padres

En muchos sentidos, el cerebro es como el corazón o los pulmones. Cada órgano tiene una función natural. El cerebro aprende porque ese es su trabajo. Además, el cerebro tiene una capacidad de aprendizaje prácticamente inagotable. Cada cerebro humano sano, independientemente de la edad, el sexo, la nacionalidad o los antecedentes culturales de una persona, viene equipado con un conjunto de características excepcionales: la capacidad de detectar patrones y hacer aproximaciones, una capacidad fenomenal para varios tipos de memoria, la capacidad de autoevaluarse y aprender de la experiencia... y una capacidad inagotable de creación.

— Caine y Caine

Desde 1995, desarrollé, dirigí e implementé proyectos de investigación que sirvieron a más de 1,800 padres hispanos, afroamericanos y otros inmigrantes diversos (en su mayoría madres) en cinco centros urbanos.

En 2015, repliqué el **modelo** que había desarrollado con un estudio de investigación fenomenológico (cualitativo) de 40 padres hispanos. La investigación validó y agregó a mi trabajo y la investigación emergente.

Mi estudio llevó la investigación **basada en el cerebro** al siglo XXI con tres grupos (padres hispanos, sus hijos y los maestros de sus hijos), para que esté actualizada y resista el escrutinio de los administradores estatales y del distrito escolar.

Descubrí que hay tres necesidades básicas al diseñar e implementar la capacitación para padres **basada en el cerebro**:

1. Desarrollar relaciones con los padres (de estudiantes de ELL)
2. Proporcionar capacitación estructurada para padres
3. Fortalecer la capacidad como participantes y entrenadores

Aprendí que desarrollar relaciones con los padres de estudiantes ELL en una comunidad era solo el primero de los tres pasos necesarios en un proceso utilizado para el desarrollo y la implementación de capacitaciones para padres. En el primer paso de la relación, los padres se dan cuenta de cuáles son las necesidades cognitivas o cerebrales de su hijo en cada nivel de edad cuando van a la escuela (**necesidad de bajo nivel**).

En el segundo paso, se lleva a cabo una capacitación estructurada para padres, que les proporciona conocimientos sobre el **cerebro**, sus funciones, su capacidad para aprender habilidades, actividades prácticas y atractivas con **modelos** y **estrategias** intencionales para aprender habilidades (**necesidad de nivel medio**).

En el tercer paso, tiene lugar el verdadero empoderamiento y el aprendizaje **comprometido** para el desarrollo de capacidades. En esta etapa, los padres están mejor preparados para ingresar a las aulas equipadas con estrategias específicas para ayudar con el proceso de aprendizaje (**necesidad de mayor nivel**).

Este es también el nivel en el que los padres pueden trabajar y capacitar a otros padres dentro de su comunidad **con nivel de capacitación y reproducción**.

Diseñado para ayudar a los padres a entrenar a sus hijos para que piensen, el enfoque de participación de los padres **basado en el cerebro**, que se basa principalmente en seguir un proceso, ayuda a los padres a leer, escribir y aprender de manera más eficaz. Conocer los tres niveles de necesidad ayuda a los padres de estudiantes ELL a participar y participar plenamente en la educación de sus hijos.

El programa **modelo** desarrolla las competencias de los padres (conocimientos, habilidades y actitudes) en las estrategias y habilidades de entrenamiento para ayudar a sus hijos a convertirse en mejores interrogadores y pensadores críticos. Además, ayuda a los padres a aprovechar sus esfuerzos con tareas y proyectos en el aula, estrategias de cuestionamiento y estrategias que unen el aprendizaje escolar con el aprendizaje en el hogar.

La capacitación **basada en el cerebro** es un formato estructurado, práctico, constructivista, totalmente **comprometido** y basado en la experiencia en el que los padres de los estudiantes ELL aprenden los principios del pensamiento y el aprendizaje y el significado de la inteligencia.

La inteligencia a veces se describe como un mosaico de conocimientos y áreas del cerebro, todos esos

mecanismos perceptivos tan sensibles a las expectativas
... La inteligencia se trata del proceso de improvisar y
pulir en la escala de tiempo del pensamiento y la acción.
La inteligencia es la capacidad de aprender, juzgar y ser
imaginativo... Es la capacidad de pensar de manera
abstracta para razonar y organizar grandes cantidades de
información en sistemas significativos.

— William H. Calvin

LAS CONSTRUCCIONES DEL ENTRENAMIENTO

El entrenamiento requiere un poco de reflexión de mi parte. La teoría del *constructivismo* es la base del **modelo** de formación y está muy arraigada en el modelado y la demostración de cómo piensa y aprende el **cerebro**.

El *constructivismo* se refiere a la forma en que los alumnos construyen o crean nuevos conocimientos de forma activa en función de su conocimiento y comprensión de sus experiencias anteriores. En la formación, este proceso constructivo mejora la capacidad de las partes interesadas para cooperar, colaborar y formar equipos con el fin de crear juntos una nueva experiencia de aprendizaje, basada en sus conocimientos y experiencias previas colectivas. La formación de patrones durante esta interacción combina el conocimiento previo y la nueva información que impacta el aprendizaje y la comprensión. Un sistema de capacitación para padres crea, construye, organiza y analiza cómo internalizar los nuevos hechos e información.

En equipo, los adultos construyen relaciones. En la
relación, los padres se dan cuenta de cuáles son las
necesidades cognitivas de sus hijos cuando van a la
escuela. Los padres aprenden a seguir el proceso y el
procedimiento para concentrarse en la información que
se comparte.

— Susan F. Tierno

El constructivismo se puede comparar con el andamiaje, o con la construcción paso a paso de conceptos e ideas, para construir el pensamiento y el aprendizaje humano. El **andamio** proporciona la estructura simple necesaria para construir ideas en un aprendizaje más complejo. En pocas palabras, primero presente una idea o concepto. A continuación, presente información y hechos. Forme equipos para aplicar y explorar las ideas, un paso tras otro.

Se forman tres principios durante el andamio de capacitación:

- Conceptos
- Construcción
- **Andamios**

Estos tres principios deben incluirse en todos los entrenamientos.

CAPÍTULO 6
Conceptos básicos del cerebro

El cerebro humano es el objeto más complicado del universo conocido. Un solo cerebro contiene más conexiones eléctricas que galaxias en el espacio. Comprender el comportamiento de sus ochenta y seis mil millones de neuronas es un desafío científico tan formidable como los viajes interestelares.

— Raffi Khatchadourian, The New Yorker

Cada parte del **cerebro** tiene la responsabilidad de un tipo específico de aprendizaje. Presentar las partes del **cerebro** y lo que hacen esas partes ayuda a los padres hispanos a comprender el comportamiento en el hogar, el aprendizaje, el desarrollo auditivo, visual y emocional.

Cada charla, diálogo y discusión en una capacitación para padres debe ayudar a los padres a aprender cómo piensan sus hijos. Entregue a los padres una lista de conceptos y actividades para desarrollar sus conocimientos. En mis programas de capacitación, jugamos juegos con dos conjuntos de tarjetas de concepto de clasificación de palabras, que están codificadas por colores. En el conjunto azul, cada tarjeta contiene un tema que se utiliza en última instancia para seleccionar proyectos de investigación. En el conjunto rosa, cada tarjeta contiene una palabra de estrategia cerebral. Ambos juegos (conjuntos) de tarjetas son útiles para clasificar, en orden alfabético, crear oraciones y agrupar, que son esenciales para crear y ordenar el lenguaje.

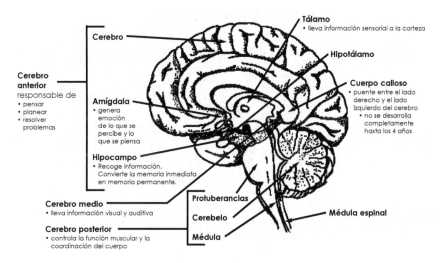

Cerebro: El **cerebro** es el centro del pensamiento. El **cerebro** se utiliza para conectarte con pistas, hechos e ideas. El **cerebro** toma pistas, hechos e ideas y luego los conecta para comenzar a formar el pensamiento.

Pistas, hechos e ideas: Pistas, hechos e ideas son fragmentos de información almacenados en dendritas. Recopilar y usar información puede ayudarlo a aprender muchas formas de pensar de manera más eficiente.

Conexiones: Las conexiones son pistas, hechos e ideas que se ensamblan y forman un **andamiaje** para formar patrones de pensamiento.

Dendrita: Una dendrita es una estructura parecida a una carretera de células nerviosas en el **cerebro**. Hay miles de millones de ellos en el **cerebro**. Están conectando todo el tiempo. Una dendrita conecta la acción del pensamiento con otras dendritas. Las conexiones dendríticas crean sistemas de pensamiento.

El cerebro conecta estructuras para **pensar**. Estas estructuras se llaman **dendritas**.

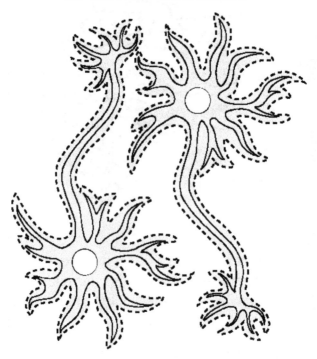

Aprendizaje: Aprender es conectar sus estrategias de pensamiento para descubrir y formar nuevas ideas.

Cerebro izquierdo: El lado izquierdo del **cerebro** es la parte que le ayuda a trabajar paso a paso. Le ayuda a desarrollar un plan y organizarse de manera lógica. El lado izquierdo del **cerebro** también se ocupa de números y símbolos.

Patrones: Los patrones son conexiones repetidas de pistas, hechos e ideas que se organizan en patrones de pensamiento. El **cerebro** tiene sistemas para conectar pistas, hechos e ideas llamados patrones de pensamiento.

Proceso: El proceso comprende los pasos utilizados en el pensamiento, el andamiaje. Primero, siguiente y último es un proceso.

Cerebro derecho: El lado derecho del **cerebro** crea una imagen y conecta patrones y pensamientos a través de sentimientos, música, arte y danza.

Pensamiento: El pensamiento ocurre cuando una dendrita se conecta con otra dendrita en una búsqueda para encontrar y formar nuevos pensamientos e ideas.

En el curso de mi entrenamiento para padres, una de las cosas más críticas que comparto es la sustancia, el tamaño, la naturaleza y la esencia de cómo se ve y se siente el **cerebro**, y cuánto pesa el **cerebro**. Compartimos partes del **cerebro** en los juegos; pasamos cerebros de goma para sostener y sentir que son casi el peso exacto de un **cerebro** real.

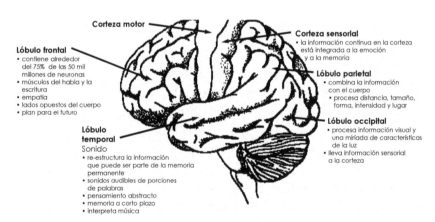

Me gusta tener **modelos** de **cerebro** sobre la mesa. Me gusta que todos usen sombreros cerebrales. Pido a los padres que coloreen, corten y peguen piezas de rompecabezas del **cerebro**. Diseñé un conjunto de piezas de rompecabezas para usar en un juego cinestésico. Todos obtienen una pieza del rompecabezas y corren por la habitación para encontrar la parte que encaja con las otras partes del **cerebro**.

Al hacer esto, cinestésicamente, queremos ayudar a los padres a comprender que hay partes del **cerebro** que necesitan conocer para ayudar a sus hijos a ser más eficientes en lo que hacen. Al final del juego, surge un nuevo equipo, cada uno con su rompecabezas del **cerebro** completamente formado.

El **cerebro** almacena información. Una vez que comenzamos a hacer una búsqueda de esa información, comienzan las conexiones de pensamiento. El **cerebro** también almacena información sobre estructuras y funciones en nuestra vida diaria. Proporciona información sobre patrones de aprendizaje. Hay una parte del **cerebro** para todo lo que hacemos.

Una estrategia **basada en el cerebro** que utilizo para la formación de profesores y padres es Word Sort. Similar a las tarjetas de conceptos rosa y azul, Word Sort ayuda a los padres a aprender sobre palabras con patrones, como **-ee** y **-ea** (en palabras como golosina, pies, ritmo o calle), que son esenciales para que el **cerebro** capture el lenguaje. Las palabras con estos patrones son difíciles para los estudiantes de ELL. Continuamente escriben mal las palabras porque no han captado los patrones en sus **cerebros**. Si los padres están concientes de estos conceptos, pueden ayudar a sus hijos a reconocer los patrones en la lectura.

Una vez que ven un patrón y trabajan con el patrón repetidamente usando colores, símbolos, actividades de cortar y pegar y rompecabezas, el **cerebro** automáticamente comienza a proporcionarles información en patrones. Aprenden a deletrear palabras de forma más eficaz y, por tanto, a utilizarlas con mayor eficacia.

Al compartir la estrategia de ordenación de palabras con los padres, es importante que comprendan que cada parte del **cerebro** tiene responsabilidades para pensar y cada parte del **cerebro** tiene responsabilidades para aprender. Las conexiones completas hacen que los niños piensen de manera mucho más eficiente y productiva con las palabras.

Me gusta tomarme el tiempo para hablar sobre cómo el **cerebro** conecta las estructuras para pensar. Incluso formamos un Círculo de Conocimiento (COK) y construimos una red de dendritas conectadas en un gran círculo.

Hablo de las dendritas y sus neuronas. Las neuronas transportan información y las dendritas se conectan a otras piezas, carpetas y compartimentos del **cerebro** que almacenan información.

Un ejemplo de conexión entre las dendritas es que los padres ayuden a sus hijos que no comprenden un elemento importante de una historia. Los padres no entienden la conectividad, así que, a través de una actividad, los animo a que lean un cuento a sus hijos y luego les hagan preguntas como, "¿Cuál es el significado?", "¿Cómo se parece a algo que haces?", "¿Cuándo o dónde has oído hablar de eso antes?". De esta manera, los padres ayudan a sus hijos a reconocer y conectar los elementos importantes. Los padres deben saber cómo ayudar a sus hijos a conectar esas estructuras particulares de pensamiento para formar una comprensión duradera.

También les recuerdo a los padres que los problemas de seguridad, sociales, ambientales y tecnológicos afectan las conexiones de pensamiento y aprendizaje. Esta variedad adversa de factores, más que cualquier otra cosa hoy, es un tema primordial para que nuestros padres aprendan y discutan en equipos.

CAPÍTULO 7
Memoria

Tendemos a pensar en los recuerdos como instantáneas de álbumes familiares que, si se almacenan correctamente, podrían recuperarse de manera precisa en las mismas condiciones en las que se guardaron. Pero ahora sabemos que no registramos nuestras experiencias como las registra una cámara. Nuestros recuerdos funcionan de manera diferente. Extraemos elementos clave de nuestras experiencias y los almacenamos. Luego, recreamos o reconstruimos nuestras experiencias en lugar de recuperar copias de ellas. A veces, en el proceso de reconstrucción agregamos sentimientos, creencias o incluso conocimientos que obtuvimos después de la experiencia...

— Daniel Schacter

El **cerebro** almacena piezas críticas de información, formando **memoria**. La **memoria** es una de las funciones más grandes y misteriosas del **cerebro**. Es indispensable para todos los seres humanos. La **memoria** es la conexión en el **cerebro** que le da al ser humano, desde el nacimiento hasta la vejez, la capacidad de sobrevivir, resistir y perseverar.

Aunque no se almacena nada en el ciclo de la **memoria**, la **memoria** es el núcleo del aprendizaje. La **memoria** se clasifica en categorías. A pesar de esta nueva era de información masiva, la **memoria** aún no es infalible. La **memoria** causa muchos problemas de pensamiento y aprendizaje. El ciclo de la **memoria** es la parte más importante del cerebro porque los niños necesitan conectarse y mantener un *sentido de la memoria*.

Ayudar a los padres a comprender la **memoria** y su falla en su funcionamiento los ayuda a comprender las **estrategias** cerebrales que ayudarán con el mal funcionamiento de la **memoria**.

Encuentro interesante la **memoria** porque pensé que mis alumnos de segundo grado no me escuchaban lo suficiente. Tengo las mismas reglas, los mismos procedimientos que probablemente he repetido 100 veces durante 100 días.

Hacia el final del año escolar, algunos de los estudiantes de mi propio salón de clases que pensé que nunca escuchaban mis instrucciones, pudieron decirles a sus compañeros: "Ella dijo: 'Siéntense y estén muy tranquilos'"; "Ella dijo: 'Pon tu lápiz en tu escritorio'"; "Ella dijo: 'Quítese el lápiz de la mano porque no puede escuchar si sus manos se mueven'". Fue sorprendente para mí que almacenaran esas piezas, esas reglas y procedimientos para que sus **cerebros** pudieran operar de manera más eficiente.

Para enseñarles a mis padres sobre el concepto de **memoria**, hice una grabación aleatoria de 90 segundos desde una estación de radio en México. Luego lo compartimos con los padres hispanos del grupo. Puedes imaginar cómo sonaron 90 segundos: una cacofonía de español entrecortado y rápido que comenzó y se detuvo tan repentinamente, tanto, que fue casi incomprensible.

Los padres escucharon el clip. Se rieron histéricamente. Dejamos de compartir el clip. Les pregunté: "¿En qué les hace pensar esto?"

Durante la discusión sobre el clip, los padres notaron que el tono y el mensaje no coincidían. El caso es que cuanto más hablan con sus hijos, menos los escuchan. Elaboré para esto una comprensión más profunda:

"Permítanme conectarles cómo es esto en términos de lidiar con el **cerebro** de sus hijos. Los **cerebros** de sus hijos solo escuchan una cuarta parte, o menos, de lo que les está diciendo. Cuanto menos diga al tratar de explicar algo, mejor será para ellos. Dé un comando, dos comandos, pero no más de tres comandos. No explique por qué. Los **cerebros** de sus hijos funcionan como esta radio. A esto lo llamo **Radio Brain**".

Se rieron histéricamente porque reconocieron su parte en ello. Como padre, sigues hablando y, aunque ellos saben que estás hablando, tus hijos no se concentran ni se enfocan en ti o en el mensaje que estás tratando de transmitir.

Intento mostrar por qué la memoria es una guía principalmente confiable para nuestro pasado y nuestro futuro, aunque a veces nos decepciona de maneras molestas pero reveladoras.

— Daniel Schacter

Los padres siempre quieren saber: "Cuando el **cerebro** de mis hijos cambie, ¿cambiará su comportamiento si hago las cosas que les recomiendas?"

La plasticidad (los productos y materiales en el **cerebro**) puede crecer dramáticamente y cambiar con el tiempo. Les explico a los padres que nuestros hijos solo piensan en pequeños y rápidos saltos debido a la exposición a la tecnología moderna (¿recuerdan la *generación swipe*?). Les digo: "Cuanto más ayude a sus hijos con la **memoria** y los patrones, y cuanto menos información extraña se diga, mejor centrado podrá estar su hijo en su pensamiento". Existe un punto de intersección entre la atención y la **memoria**. Tres pasos, instrucciones breves y contacto visual ayudan a desarrollar un mejor enfoque.

La **memoria** tiene que ver con la emoción. La mayoría de la gente no se da cuenta de eso. Es el núcleo de nuestra formación. El **cerebro** se conecta con el "yo" emocional en la porción de la amígdala del **cerebro**, el sistema límbico del **cerebro**. Nuestras emociones afectan nuestro **cerebro**.

Cuando un niño está molesto o tratando de recordar algo, interrumpe el proceso que se desarrolla en el ciclo de la **memoria**. Lo puedo ver en los niños. Es un acondicionamiento clásico.

Les pido que se queden quietos un segundo o les digo: "Te estás moviendo demasiado" o "Estás tratando de terminar mis oraciones. Sólo escucha. Solo usa tus oídos esta vez. Utilice sus oídos y sus ojos para asimilar información. No digas nada porque eso afecta la **memoria** de otra persona".

La memoria debe grabarse especialmente en nuestra juventud, en la juventud, ya que es entonces cuando es más fuerte y tenaz. Entonces, las cosas que les enseñas a los niños en las edades más tempranas, son las mejores porque los niños están recordando. Pero al elegir las cosas que deben memorizarse, se debe ejercer el mayor cuidado y previsión como lecciones.

— Daniel Schacter

Un investigador compartió recientemente que la mayoría de los traumas infantiles (una gran "T" para los traumatismos y una pequeña "t" para los traumatismos que se acumulan) ocurren entre las edades de 4 y 12 en la vida de un niño. La **memoria** almacena el pensamiento, la emoción y la experiencia en sistemas de **memoria**.

La **memoria** contiene carpetas. A lo largo de la vida, **andamiaje** las carpetas recreando esos traumas en una miríada de escalas a través de nuestra **memoria**.

Los rostros cambian y los eventos cambian, pero los niños responden igual que cuando tenían la edad en que ocurrió el trauma real. Cuando tratamos de entender a los padres, debemos recordar que la emoción reactiva probablemente se deba a un trauma infantil. Esta es una de las razones por las que usamos una estrategia de: "Hacer un plan" durante la capacitación que permita mantener a todos tranquilos y organizados. Esto ayudará a mantener todas las direcciones en tres pasos.

Les he enseñado a todos mis alumnos los tres pasos (primero, siguiente, último) de la estrategia: "Hacer un plan". Tu primer paso dice esto, tu segundo paso dice esto. Tu último paso dice esto. Está codificado por colores para ti. Al final del año, mis hijos estaban usando sus planes codificados por colores.

"Aquí está el primer paso. ¿Qué dice que tienes que hacer? Aquí está el siguiente paso. ¿Qué dice hacer en el último paso? ¿Escribiste tus oraciones? ¿Qué parte del plan leyó o no leyó?"

Los **andamios** y los pasos tienen como objetivo hacer que la **memoria** se pueda retener y utilizar. La **memoria** nos permite un pasado y un registro del pasado de quiénes éramos y quiénes somos en la individualidad humana.

Si no tuvieras **memoria**, la vida sería una serie de encuentros sin sentido que no tenían ningún vínculo. Mi gata tiene **memoria**. Ella sabe exactamente dónde estoy parada en la cocina para pedir un regalo. Un perro tiene recuerdos. Sabe exactamente cómo se siente cuando alguien lo toca. Sus recuerdos tienen que ver con patrones predecibles, pero están incrustados en sus emociones. Estoy muy seguro de que podemos aprender algo del perro y del gato.

Nuestros **memorias**, sin embargo, son más grandes, más concentrados y más técnicos en nuestro propio **cerebro** que en el de un gato o un perro. Comparto con los padres que, a todos los efectos prácticos, el **cerebro** almacena una cantidad ilimitada de información con aproximadamente 100 mil millones de neuronas, miles de dendritas y las posibles neurovías que son incomprensibles.

Les explico a los padres acerca de las 50 a 100 mil millones de neuronas en el lóbulo frontal. También les digo que estas innumerables neuronas nos ayudan con el habla, el lenguaje, la vista y el pensamiento, así como con los movimientos musculares. También nos ayudan a saber qué tan significativas son las conexiones como el funcionamiento interno del **cerebro**. Las células de **memoria** almacenan y planifican el futuro.

Parte del futuro es la lectura. La lectura consiste en llevar a los niños a la vía neuronal de la emoción y al significado de la emoción en una historia. Al leer los libros de Kate DiCamillo, como: *Por Winn Dixie* o *El viaje milagroso de Edward Tulane*, puedo leer un pasaje corto y explicar que esas palabras significan amor. Esas palabras significan que ama a sus amigos. Esas palabras de la bruja significan que tienes que amar en la vida porque si no amas en la vida, ¿qué te dejará eso? Para los estudiantes de ELL, este proceso de explicación es muy importante porque les ayuda a asociar la emoción con palabras, acciones y reacciones.

La explicación definitiva de la memoria es todavía muy difícil de alcanzar. No obstante, los neurocientíficos han descubierto numerosos mecanismos que ocurren en el cerebro y que, en conjunto, definen una hipótesis viable sobre la formación (codificación), el almacenamiento y el recuerdo de la memoria.

— David Sousa

Descubrí a través de mi investigación que la **memoria** es lo más importante para los padres, los padres hispanos. ¿Cómo desglosas la idea? ¿Cómo lo almacena en sus células en el **cerebro**? Entonces, ¿cómo lo recuerdas de nuevo?

Una forma eficaz de ayudar a los niños a recordar cosas es utilizando almohadillas adhesivas de colores y resaltadores; es el código de color para sus Clasificaciones de palabras y se usa fácilmente en casa. Por ejemplo, los estudiantes y los padres que usaban colores recordaban todas las palabras **-mente** porque las palabras **-mente** eran siempre de tipo azul.

Aconsejo a los padres hispanos que no hagan todo por sus hijos, especialmente por sus hijos varones. Muchos quieren hacer todo por sus hijos: vestirlos, ayudarlos a comer o darles el desayuno. Sin embargo, es importante reforzar todo lo contrario. Comparto con los padres que el cerebro, literalmente, se desarrolla, cambia y crea nuevas células cada vez que aprende una nueva tarea.

Les digo a todos los padres: "Permitan que sus hijos aprendan una tarea y desarrollen células cerebrales. No hagas todo por ellos". Cada vez que veo a un abuelo o un padre venir a la escuela y quitar la mochila del hombro del niño y llevársela, le digo al niño: "Lo siento, tu mochila es tu responsabilidad. Sabes caminar y llevar tu mochila al mismo tiempo". Les digo a los padres hispanos: "Permita que sus hijos hagan tantas tareas como sea posible. Cada tarea ayuda a que nazca una nueva célula de **memoria** cada día".

CAPÍTULO 8
Alimento para el pensamiento:
El cerebro y la comida

Además, un gran y convincente cuerpo de investigación sugiere que la nutrición juega un papel importante en la cognición, la memoria, el estado de ánimo y el comportamiento. El estado nutricional está fuertemente correlacionado con una serie de variables familiares y ambientales, incluido el estado socioeconómico, que probablemente afecte el desarrollo neurocognitivo.

— Eric Jensen

En el entrenamiento para la **participación de los padres**, fue importante explicarles la necesidad de prestar atención a los materiales y alimentos tóxicos, los cuales son factores críticos para el desempeño cerebral y el éxito de sus hijos.

Recientemente le conté a un grupo de madres cómo entré a la cafetería para ver qué estaban sirviendo en el desayuno. ¡Fue Cocoa Puffs! ¿Qué podría estar pensando el gerente de la cafetería? ¡Chocolate y azúcar! ¿A primera hora de la mañana, para el **cerebro** de nuestros hijos? El chocolate y el azúcar no se relacionan con lo que sé sobre el aprendizaje y el **cerebro**. La información sobre el chocolate, al igual que otros alimentos tóxicos, es información que debemos compartir con los padres.

Si los padres no cocinan su propia comida, servirán comidas rápidas con conservantes. Esos conservantes afectan a los niños de diferentes maneras, desde ataques emocionales hasta ira y mal humor. Muchos padres no saben cómo la comida afecta el comportamiento de sus hijos. Los padres han dicho que los niños están incontrolables o fuera de control en casa. Frustrados y sin saber qué más hacer, colocan a sus hijos en sus habitaciones. En realidad, los padres no han planeado su día considerando preguntas como, "¿Qué les di de comer hoy? ¿Tomaban Cocoa Puffs o Fruit Loops por la mañana? ¿Fue azúcar todo el día? ¿Bebieron chocolate o leche de fresa, Coca Cola o Kool-Aid?" El problema de la alimentación no es solo la deficiencia de la dieta, sino también la sobrecarga de conservantes químicos, carbohidratos y azúcar.

Esto no quiere decir que algunas de estas cosas no sean necesarias, por ejemplo, los carbohidratos, en una buena dieta. Sin embargo, la clave es controlar el uso excesivo de las cosas que pueden tener impactos negativos. Por ejemplo, los cerebros de los estudiantes necesitan algo de glucosa para seguir funcionando, pero el truco consiste en mantenerla en niveles razonables.

CONSERVANTES

Los conservantes están en todas partes. Las investigaciones indican que los problemas ambientales y los conservantes afectan nuestro **cerebro**. Los investigadores han descubierto que los conservantes, como la sal (sodio) y el azúcar, que se encuentran en alimentos como las papas fritas y las bebidas dulces, no son saludables para el desarrollo del cerebro. No le da al **cerebro** la glucosa correcta para un funcionamiento escolar óptimo.

Escucho constantemente de nuestros padres hispanos, muchos de los cuales se han mudado de países insulares o de

América Central o del Sur, que ven un cambio dramático en el comportamiento de sus hijos después de mudarse a los Estados Unidos. Las familias generalmente provienen de lugares donde solo comen alimentos naturales. Sugiero que su cambio de comportamiento podría deberse a los efectos de los alimentos que consumen en los Estados Unidos, la mayoría de los cuales contienen muchos conservantes. Los cereales y bebidas azucarados y los nuggets de pollo tienen cantidades enormes de conservantes para el sabor que afectan el sistema nervioso de los niños. Se dice que si no hubiera azúcar ni sal en los alimentos, sabrían a cartón.

El caramelo afecta el cerebro de los niños de forma espectacular. Las dendritas se conectan en el cerebro, el caramelo o la sal entran en el espacio o en la sinapsis. El pensamiento se ralentiza. Las conexiones cerebrales, especialmente para la memoria, no funcionan. Mis hijos tuvieron que aprender a detenerse y alejarse de los dulces porque yo no permitía nada en mi salón de clases.

LECHE DESNATADA

En un distrito escolar del centro de la ciudad, las mamás me dijeron que estaban alimentando a sus bebés y niños pequeños con leche descremada, porque argumentan "no quiero que engorden". Era importante escucharlos y explicarles que las células del **cerebro** y las células de los nervios no pueden crecer sin la grasa natural de la leche entera, y si uno de los padres está disminuyendo la cantidad de grasa natural, está quitando la capacidad del **cerebro** para desarrollar y continuar su proceso de crecimiento.

CAFEÍNA

La cafeína es un estimulante cerebral fuerte, considerado seguro para la mayoría de los adultos en pequeñas cantidades, pero la cafeína se encuentra en muchos de los

alimentos y bebidas que los adolescentes consumen a diario.
Demasiada cafeína provoca insomnio, ansiedad y náuseas.

— David Sousa

Durante el entrenamiento, ayudo a los padres a ver la correlación entre las bebidas de café, té y refrescos con cafeína y el comportamiento de sus hijos. No les de gaseosas (o soda) a los niños porque contienen mucha azúcar, lo cual es perjudicial para el sistema nervioso en crecimiento de los niños. "Pero ¿qué hay de los refrescos dietéticos?" me preguntan los padres.

Los refrescos dietéticos son tóxicos para los niños de todas las edades. La investigación demuestra que los niños en la escuela secundaria, que bebían más de seis a diez refrescos dietéticos al día, convirtieron la química de su cerebro, durante un tiempo determinado, en una sustancia química cercana a lo que conocemos como trementina.

Algunos adolescentes también pueden desarrollar alergias al aspartamo, el azúcar artificial que se encuentra en muchos refrescos dietéticos y otros aditivos alimentarios. Esto es lo que los padres deben saber sobre el azúcar artificial. Causa:

- Hiperactividad
- Dificultad para concentrarse
- Dolores de cabeza
- Inhibe el crecimiento físico

Estos son problemas de aprendizaje clásicos o problemas con los que he tenido que luchar en el aula. Los padres luchan con estos mismos problemas y cuestiones en el hogar. Las conexiones entre el azúcar artificial y el aprendizaje deben enseñarse a nuestros padres hispanos porque cuantos más alimentos que contengan conservantes le den a un niño, como darles un chocolate moca al final del día (que contiene cafeína), más susceptibles serán de volverse hiperactivo.

Sección III
Entrenamiento para padres

CAPÍTULO 9
Botas sobre el terreno:
Entrenamiento basado en el cerebro en acción

Al igual que en una ciudad, el funcionamiento general del cerebro surge de la interacción en red de sus innumerables partes ... Y lo mismo ocurre con el funcionamiento del cerebro: no ocurre en un solo lugar, al igual que en una ciudad, ningún vecindario del cerebro opera en aislamiento. En los cerebros y en las ciudades, todo surge de la interacción entre los residentes, a todas las escalas, a nivel local y distante.

— David Eagleman

Según mi experiencia, a los distritos escolares les resulta difícil saber por dónde empezar a involucrar a los padres interesados. Con el fin de descubrir si la capacitación **basada en el cerebro** puede mejorar la participación entre los padres hispanos y sus hijos en edad primaria sobre de ELL, realicé una serie de encuestas para desarrollar el programa piloto de capacitación y entrenamiento.

Recomiendo que los administradores y coordinadores se

tomen el tiempo para planificar cada paso y, lo que es más importante, que conozcan a sus padres dentro de la comunidad.

UN NUEVO PARADIGMA DE PADRES

El diseño del modelo fue planeado para construir un aprendizaje experiencial en torno a un compromiso intencional auténtico al obtener padres para participar en actividades prácticas. El objetivo era brindar experiencias educativas intencionales, con propósito y **comprometidas** para los padres hispanos para enriquecer su papel en la vida de sus hijos de ELL en edad primaria en el hogar, en la escuela y dentro de la comunidad escolar.

Para el programa piloto, la **participación de los padres** significó aprender sobre las funciones cerebrales y las estrategias para mejorar esas funciones para los padres de estudiantes ELL. El programa de capacitación tenía la intención de conectar y unir las estrategias de aprendizaje de la escuela al hogar de manera sostenible.

Basado en 24 años de sesiones de capacitación, evaluaciones y mi estudio de investigación, el diseño de mi programa aborda las necesidades reales y las barreras que experimentan los padres de hoy con niños en las escuelas públicas estadounidenses. Incluyen:

1. ¿Cómo puedo hablar con el maestro de mi hijo de manera más eficaz?
2. ¿Cómo puedo comprender las instrucciones de la tarea?
3. ¿Cómo puedo ayudar a mi hijo a escuchar y seguir las instrucciones más de cerca?

El resultado fue un nuevo paradigma de las necesidades de los padres:

1. ¿Cuál es mi propósito como padre en el aprendizaje de mi hijo?

2. ¿Cómo cumpliré con la responsabilidad social de mi hijo, especialmente con la tecnología, en el futuro?

3. ¿Cómo impactan mis emociones en mi propósito y cómo impactan en mi papel de padre y en mi familia?

4. ¿Cómo mi aprendizaje como padre crea un impacto cognitivo en mis hijos?

UN PILOTO CON FINES: ÉXITO DE LOS PADRES

Al ofrecer éste programa piloto de diseño único, tuvimos la experiencia directa de observar, analizar y grabar en video los pensamientos, sentimientos, aprendizaje, percepciones, conocimientos y creencias de 40 padres hispanos mientras completaban el programa de capacitación **basado en el cerebro**.

El programa piloto se llevó a cabo en una ciudad fronteriza al sur de Texas. Investigado e implementado en cinco distritos escolares urbanos en los Estados Unidos, el **modelo** de programa no había sido implementado en áreas fronterizas antes programa piloto. Mi intención era capturar las percepciones de los participantes sobre el programa estructurado de capacitación para padres, para determinar si las estrategias eran útiles y aplicables a las necesidades específicas y al crecimiento cuando se trabaja con sus hijos en casa.

Para lanzar el estudio, fue fundamental reunirse con los administradores clave. El propósito era construir una coalición de capital social con actores dentro de las escuelas y entre la administración, y generar el apoyo de la comunidad escolar al programa, con el fin de crear un **modelo** sustentable y sentar las bases para la capacitación de padres.

Sé por experiencias de liderazgo que es ventajoso establecer un diálogo positivo con cualquier persona involucrada en el éxito de los estudiantes.

Para asegurar el éxito del piloto, todos los estilos de pensamiento y aprendizaje debían considerarse para satisfacer las necesidades de los padres hispanos que participan en la capacitación.

Por lo tanto, se establecieron estructuras en forma de **coreografía** con tareas y plazos con un propósito, específicos para las metas, necesidades y barreras deseadas de los padres para lograr resultados exitosos.

CONSTRUYENDO CAPITAL SOCIAL MEDIANTE LA AUTENTICIDAD

Establecer la autenticidad ("un sentido de sí mismo dentro de uno mismo") fue una prioridad. ¿Sabías que la palabra *autenticidad* comparte la misma raíz que *autor*? Esta idea me resuena como autor. Significa que traigo mi yo auténtico y mis experiencias auténticas a estas páginas para compartir mis ideas y brindarles un punto de partida probado y verdadero para replicar y crear sus propios programas auténticos.

La construcción de capital social con autenticidad fue fundamental para la primera fase del proceso. Realicé las reuniones de los interesados / padres antes de diseñar e implementar el programa de capacitación **basado en el cerebro** para ayudarme a aprender, sentir y relacionarme con los interesados de forma más natural y auténtica con un propósito y comodidad.

Con el fin de comunicar mi pasión por el programa de capacitación a los padres durante la construcción de capital social, en la reunión inicial , les conté la historia de cómo mi madre me dio una rana de hojalata verde cuando me convertí en emprendedora y me dijo: "Saltar hacia adelante fue lo más importante que hay que saber en la vida", porque, biológicamente, las ranas no pueden saltar hacia atrás. ¡Sostuve mi rana de hojalata mientras daba la bienvenida a las partes interesadas al equipo que solo salta hacia adelante!

El enfoque de my Botas sobre el terreno significó planificar, programar, organizar y definir los objetivos del programa de entrenamiento **basado en el cerebro**. Facilitar la reproducción futura del programa piloto significó mirar la imagen total, que incluía todos los detalles planificados y las fechas secuenciadas logísticamente y alineadas creativamente.

CREANDO UN CAMINO PARA LAS BOTAS

Para utilizar el análisis de Evaluación de la formación del programa (PTE) en la fase Botas sobre el terreno, los siguientes procedimientos y pasos requerían planificación:

1. Hacer arreglos con la administración para una orientación para padres de dos escuelas e invite a los padres a asistir a través de folletos publicitarios y correos electrónicos.

2. Reunir y reclutar a los padres participantes durante a orientación.

3. Explicar el programa de entrenamiento **basado en el cerebro** a los padres interesados e informarles de lo que implica el entrenamiento, responder a preguntas y obtener el consentimiento de participación.

4. Preveer servicios de traducción segura para sesiones de formación.

5. Desarrollar capital social con el coordinador de padres del distrito escolar a través de reuniones y correos electrónicos.

6. Hacer arreglos para la ubicación de la capacitación y el uso de la tecnología, incluyendo el equipo de video y audio, e informar a los padres de las fechas, horas y lugares de la capacitación. Las llamadas telefónicas personales a cada participante son fundamentales.

7. Hacer arreglos para el cuidado de los niños en los lugares de capacitación y asegurar el transporte y refrigerios para los padres participantes.

8. Realizar sesiones de formación y seguimiento.

9. Realizar entrevistas posteriores a la capacitación con los participantes para ver qué estrategias fueron efectivas con sus hijos.

10. Compartir los resultados y las conclusiones con los administradores escolares y **las partes interesadas**.

Al reclutar a los padres participantes, fue crucial asegurarse de que su interés por la participación provenía del corazón y no por una ganancia o reconocimiento material. También era esencial garantizar que se aplicaran los mismos estándares a las partes interesadas del distrito. Por lo tanto, todos los involucrados tuvieron la oportunidad de realizar la misma encuesta, brindando así la misma voz a todos los interesados.

REDES ACCESIBLES

En mayo de 2015, se llevó a cabo una orientación de dos horas para padres hispanos de estudiantes de ELL en las dos escuelas seleccionadas e incluyó preguntas, compartir videos y refrigerios. De los 80 padres que asistieron, 66 asistentes se inscribieron y expresaron interés en **participar en la entrenamiento**.

De los 66 padres que se inscribieron, finalmente se seleccionaron 40 madres hispanas para participar y asistir a la capacitación **basada en el cerebro** de cuatro días, la sesión de entrenamiento de seguimiento y la celebración final con certificados. La participación final se basó en la necesidad de un número igual de estudiantes en cada escuela, tener niños desde pre-K hasta el grado 4, disponibilidad de participantes para un compromiso de cinco días y sujeto a la aprobación del director.

Todos los participantes eran padres de niños de ELL inscritos en dos de las escuelas primarias más pobres y de menor rendimiento del distrito. Todos los participantes eran madres que tenían al menos una educación secundaria o preparatoria obtenida en los Estados Unidos o en México, Honduras o Guatemala.

PONIENDO LA MESA

Se incluyeron servicios de alimentación y recursos comunitarios para que se que satisficieran todas las necesidades fisiológicas de los padres. También se aseguró que pudieran participar plenamente en la formación. La capacitación para ambas escuelas fue de 8:45 a.m. a 12:45 p.m. en una gran instalación de propiedad del distrito que tenía aire acondicionado.

Las mañanas comenzaban con un desayuno a partir de las 8:15 a.m.,y el almuerzo se proporcionó a las 12:45 p.m. También se proporcionó cuidado de niños para aproximadamente 65 hijos de los padres participantes.

Proporcionamos las comidas para los padres y sus hijos, y el distrito escolar proporcionó cuidado de niños. El distrito escolar también proporcionó ocho enlaces para padres y servicios de equipos de audio / tecnología.

Los miembros de mi equipo de capacitación incluían tres facilitadores y un especialista en tecnología.

MEJORES PRÁCTICAS

Durante la capacitación, los participantes se sentaron en mesas redondas en grupos de cinco para promover una mayor interacción y compromiso. Cada día, los participantes se sentaron en diferentes mesas para crear nuevos equipos de padres y permitirles comenzar a construir sus propios enlaces comunitarios.

La reorganización de los asientos cada día facilitó la máxima exposición a otros participantes y fomentó la discusión entre los grupos.

La capacitación **basada en el cerebro** implementada a través de la demostración y el **modelado** de **andamios** intencionales, pensamiento mediado y procesos y actividades de aprendizaje facilitó el aprendizaje de los padres. El **modelado** de **estrategias** usando todas las partes del **cerebro** cuando se trabaja con niños, alentó a los padres a compartir los pensamientos, creencias, ideas y actitudes que experimentaron durante la capacitación.

SENTIDO DE PROPÓSITO

Teníamos sentimientos profundos y apasionados sobre las metas, la autoeficacia, la esperanza, el compromiso progresivo y la determinación hacia el programa de entrenamiento **basado en el cerebro**. Expresar esos sentimientos ayudó a los padres a orientarse, animarse mutuamente y fomentar la colaboración y la cooperación.

Tener un propósito no es solo ser y no solo hacer. Específicamente, es cómo uno actúa y cómo se relaciona con el mundo. La pregunta esencial subyacente del estudio fue si la capacitación cultivaría un propósito y significado lo suficiente como para lograr un cambio positivo en la forma en que los padres hispanos se relacionan con sus hijos.

El propósito es la razón por la cual se hace o se crea algo o por el cual existe algo. El propósito va más allá de servir a los demás e indica la búsqueda de un sentido de comunidad y la oportunidad de autoexpresión y desarrollo personal.

— Aaron Hurst

Teníamos la esperanza de que los temas, patrones y conocimientos sobre información nueva y profunda sobre el **cerebro**, el pensamiento y las estrategias de aprendizaje ayudarían a los padres hispanos a crecer y establecer relaciones más profundas y significativas con sus hijos, los maestros de sus hijos y como comunidad de las partes interesadas.

CAPÍTULO 10
Entrenamiento para padres

Después de todo, a pesar de algunas pre-especificaciones genéticas, el enfoque de la naturaleza para desarrollar un cerebro se basa en recibir un vasto conjunto de experiencias, como la interacción social, la conversación, la exposición al mundo durante el juego y el resto del panorama de los asuntos humanos normales. La estrategia de interacción, conversación, juego, exposición al mundo y al resto del paisaje. La estrategia de interacción con el mundo permite que la colosal maquinaria del cerebro tome forma a partir de un conjunto relativamente pequeño de instrucciones.

— David Eagleman

Un agente de bienes raíces le dirá que los bienes raíces tienen que ver con la ubicación, la ubicación, la ubicación. Trabajar con los padres se trata de capacitación, capacitación, capacitación y luego más capacitación. A lo largo de mis años de experiencia sirviendo a los distritos escolares, he descubierto que el pensamiento y el aprendizaje de los padres es el centro de cualquier iniciativa de su parte. Sin embargo, sin formación para pensar y aprender, no hay base para la comprensión, el diálogo, la confianza a corto plazo y, desde luego, ningún compromiso a largo plazo.

Antes de mi estudio, había pocos o ningún programa de entrenamiento **basado en el cerebro** para padres hispanos, excepto por mi propio **modelo** recientemente diseñado. Quería preparar a los padres de niveles socioeconómicos más bajos para aplicar las habilidades y estrategias de pensamiento y aprendizaje en el hogar para facilitar mejores procesos de pensamiento y aprendizaje en sus hijos.

Que yo sepa, no ha habido un estudio de investigación que correlacione los datos entre la **participación de los padres** y la mejora de los resultados académicos. Sin duda, me gustaría ser el único investigador que se ocupara de eso.

Los estudiantes del idioma inglés continúan a la zaga de otras poblaciones de estudiantes en el rendimiento académico. No importa si la comunidad es mayoritariamente hispana. Cualquiera que sea el idioma que se hable, todos los padres deben aprender que el primer paso para comunicarse con sus hijos es la coherencia en la lógica y las ideas de **andamiaje** en lugar de una respuesta emocional. Este es un axioma que los padres deben saber con certeza.

El programa de **participación de los padres** para mi estudio exploró las barreras y problemas críticos que normalmente impedían a los padres de estudiantes de ELL participar plenamente en la educación de sus hijos. Sin embargo, lo que también se reveló fueron tres nuevas barreras del siglo XXI: la inversión emocional de propósito, la construcción de capital social entre las escuelas y el impacto cognitivo.

ENTORNO COMUNITARIO Y ESCOLAR

La ciudad en la que se llevó a cabo la capacitación fue el segundo centro suburbano de más rápido crecimiento en los Estados Unidos en ese momento. Ubicado a orillas del Río

Grande, fue el hogar de más de 250.000 habitantes. El distrito estaba compuesto por más de 20 escuelas primarias que atendían a más de 14,000 niños.

Desde mi punto de vista, la comunidad y el distrito escolar que seleccioné para el estudio eran representativos de muchas de las **comunidades** hispanas en éste país, específicamente dada su proximidad geográfica con México. Para todos los padres, la hora del día era un factor importante.

En un segundo nivel de refinamiento de la selección, elegí dos de las escuelas primarias dentro del distrito para reclutar padres de estudiantes de ELL para capacitación **basada en el cerebro**. Elegí estas escuelas en base a los siguientes criterios:

1. Voluntad de los administradores de la escuela para apoyar el estudio.
2. Interés por parte de los padres de estudiantes de ELL desde el jardín de infantes hasta el grado 4.
3. Las expectativas de los padres sobre su papel en lo que respecta al éxito académico de sus hijos.

El programa de capacitación para padres incluyó cuatro días de capacitación práctica y tres sesiones de entrenamiento de seguimiento, utilizando conceptos significativos e intencionales **basados en el cerebro** a través de estrategias de aprendizaje **mediático**, expresadas en un conjunto de actividades, videos y discusión altamente coreografiados.

Para mantener a los padres y al programa encaminados, necesitaba un nivel constante de programación y coordinación de precisión, o lo que me gusta llamar *coreografía*.

La palabra **coreografía** se traduce de dos palabras griegas que significan "escribir la danza". Creo que esto captura exactamente el enfoque necesario para organizar una sesión de capacitación. Es un baile.

El impacto de la capacitación en la **participación de los padres,** fue evidente en sus roles cambiantes como partes interesadas en las **comunidades** y como entrenadores de pensamiento y aprendizaje dispuestos para sus hijos. Los resultados de éste estudio indicaron que los padres encontraron un nuevo propósito para construir mejores relaciones y aumentar el compromiso con sus hijos y con la escuela a través de estrategias aprendidas.

Diseñé un programa de capacitación que se desarrolló durante cuatro días consecutivos para sumergir a los padres en el nuevo proceso de pensamiento y aprendizaje, sabiendo que la mayoría de los padres de ésta comunidad pudieron comprometerse con el estudio durante cuatro días. Después de años de experiencia, aprendí que cuatro días era suficiente para mantenerlos aprendiendo y **comprometidos**. Además, se pidió a los padres que asistieran a una sesión del quinto día dentro de los dos meses posteriores a la capacitación para brindar retroalimentación, compartir lo que aprendieron, cómo lo usaron y cómo crecieron sus hijos a partir de él.

Para todos los padres, la hora del día era un factor importante. Por mis años de experiencia, sabía que entre cuatro y cinco horas, con comida y descansos, era el período de tiempo optimo para mantener la intensidad y el interés.

Entre los miembros de nuestro equipo, de martes a viernes fueron los mejores días para realizar capacitaciones. Una persona o entrenador designado dentro del distrito o dentro de mi equipo llamaría, enviaría un correo electrónico y / o enviaría un mensaje de texto a todos los padres para recordarles el lunes.

De esa manera, podríamos asegurarnos de que todos los que se inscribieron se presentaran el martes por la mañana. Saber cuántas personas iban a asistir también nos dio un recuento preciso para proporcionar guardería con el fin de mantener a los participantes totalmente concentrados.

Un tamaño máximo ideal para este tipo de formación es de 75 participantes. Sin embargo, para este proyecto de investigación, seleccioné a 40 participantes comprometidos en la investigación (20 padres de cada una de las dos escuelas). Sabía que era importante para la investigación tener padres que supiera que estarían completamente comprometidos. También empleé a tres capacitadores para ayudar, de modo que la proporción de capacitadores por participante fuera de 1:10. Esta proporción fue adecuada para brindar el apoyo necesario a los padres.

El entrenamiento diario se centró en los principales **andamios** temáticos sobre el **cerebro**. Cada sección se llevó a cabo con actividades, una reflexión con preguntas, diálogo dentro de los equipos, y luego miniconferencias de investigación breves para apoyar las actividades y el diálogo.

A través de juegos, tecnología, aprendizaje cooperativo, trabajo en equipo y actividades multimodales, la capacitación introdujo nuevas ideas y formas atractivas para que los padres trabajen con sus hijos.

Las reacciones de los padres capturadas en videos, cuestionarios, encuestas, grupos focales y entrevistas me ayudaron a identificar varias estructuras de sus creencias.

TEMAS DE SIGNIFICADO

El entrenamiento **basado en el cerebro** alineó unidades o temas de importancia y significado, cada uno construyendo un **andamiaje** sobre el paso anterior. Dentro de los temas se conectaron conceptos específicos para un aprendizaje máximo. Cada tema involucró actividades realizadas por facilitadores que ayudaron a los participantes a conectar su pensamiento con partes del **cerebro** durante y después de cada actividad. Se cubrieron los siguientes temas:

Tema 1: El propósito y el papel de los padres con su hijo en relación con el crecimiento del **cerebro** (varias etapas del desarrollo del **cerebro**: intelectual, social y emocional).

Tema 2: El propósito y el papel de los padres con su hijo en relación con el pensamiento y el aprendizaje (padres, familias).

Tema 3: Cómo las estrategias y el pensamiento crítico pueden crear un propósito en la construcción de la **memoria** y la comprensión en sus niños de ELL (mejores entrenadores de pensamiento y aprendizaje y tareas).

Tema 4: Cómo las estrategias y el pensamiento crítico pueden desarrollar habilidades organizativas y de planificación (input cognitivo).

Tema 5: La necesidad de estrategias **basadas en el cerebro** que ayuden a los niños a pensar y aprender de manera más eficiente y competente para mejorar sus estudios y con ayuda en el hogar (input cognitivo).

Tema 6: Con el uso de sus nuevos conocimientos y habilidades, los padres se vuelven más poderosos para ayudar a sus hijos y a los hijos del vecino en las tareas escolares (creación de capital social o responsabilidad).

Tema 7: Los padres se vuelven más seguros al interactuar con la escuela de sus hijos (responsabilidad social).

Tema 8: Los padres comienzan a construir capital social a través del trabajo en equipo, experiencias compartidas y confianza (responsabilidad social).

CAPÍTULO 11
Marketing para padres 101:
Cómo llenar una habitación

El marketing de guerrilla dicta que comprenda todas las facetas del marketing y luego emplee con excelencia las tácticas de marketing que sean necesarias.

— Jay Conrad Levinson

Su mercado es ... las personas que lo rodean tienen necesidades insatisfechas. Identificar esas necesidades insatisfechas es su principal tarea como especialista en mercadeo.

— William Bridges

Uno de los aspectos más importantes de mi capacitación sobre **participación de padres** es el esfuerzo de marketing que lo respalda. Eso es una E para el esfuerzo, una E para el entusiasmo que necesitará para impulsar el proceso de marketing, más el nivel de energía que necesitará para mantener el impulso durante un período de semanas.

Recuerde, los padres participantes naturalmente le devolverán toda la energía que invirtió en su marketing. La energía grupal de los padres que están aprendiendo durante la sesión de entrenamiento recargará sus baterías.

No cuente con que nada sea "viral" en estos días. Hay demasiado ruido en las redes sociales. Los correos electrónicos no se leen y, a veces, terminan en carpetas de spam sin el conocimiento de usted y del destinatario.

Si deja un mensaje con alguien en una residencia, es posible que no llegue al destinatario previsto o que no sea exacto en la transmisión. ¿Recuerda el viejo juego del "teléfono", en el que se susurra un mensaje simple a la siguiente persona en la fila? El mensaje se distorsiona con cada nuevo relato, y cuando llega a la última persona en la fila, es un mensaje completamente diferente. Así es como se propaga la desinformación.

Prefiero tener una *conversación telefónica directa* o *en persona* con mis futuros padres para la capacitación. Escucho y tomo notas sobre cualquier obstáculo que pueda impedir la asistencia a la capacitación. Si hay un patrón generalizado del mismo obstáculo entre mis padres, probablemente pueda abordarlo y hacer cambios sustanciales y de procedimiento para eliminar o minimizar el obstáculo antes de que comience la capacitación. Al final del día, el marketing se trata principalmente de escuchar y comprender las necesidades de los consumidores que utilizarán sus bienes y servicios.

PAPELES DE MARKETING

El marketing de una formación para padres está orientado a las tareas y es de naturaleza creativa. Los coordinadores de la capacitación para padres llevarán una multitud de funciones:

- Gerente de proyecto
- Administrador de listas de correo electrónico (Excel)
- Especialista en redes sociales (Facebook)
- Gerente de voluntarios
- Artista / diseñador
- Escritor
- Enlace de padres entre la escuela y la comunidad
- Vendedor telefónico

Identifique sus fortalezas en la lista anterior, pero también identifique las brechas en su conjunto de habilidades o ancho de banda diario. El hecho de que pueda manejar una tarea no significa que deba hacerlo, dada su función general de coordinador del programa. ¡No tenga miedo de delegar!

Por ejemplo, ¿puede un coordinador de padres manejar alguno de esos roles en su nombre? ¿O un voluntario de la escuela? ¡No tienen que ser locales!

Para mi capacitación en Texas, hice que mi traductor de idiomas contratado fuera del estado hiciera llamadas telefónicas a todos los padres. Esto me liberó de tiempo y me permitió concentrarme en otros aspectos del programa.

Planifique el trabajo y trabaje el plan, como dicen. Comencé con la fecha de capacitación y trabajé hacia atrás varios meses, utilizando el concepto de embudo de marketing.

EL EMBUDO DE MARKETING

Es útil comprender que el marketing funciona como el embudo que usa en su cocina, ancho en la parte superior y estrecho en la parte inferior. Comienza con un gran número de **participantes potenciales**, que se convierten en un número menor de **participantes potenciales** y, finalmente, en un número aún menor de **participantes reales**.

En Texas, comenzamos con una lista de correo electrónico de varios 100 padres potenciales con niños desde prekínder hasta cuarto grado, de dos escuelas, a principios del verano.

Ochenta padres potenciales participaron en una sesión de orientación, donde presenté los conceptos básicos de la participación de los padres en la capacitación, junto con una co-facilitadora, la Dra. Rodríguez. Nosotros pudimos refinar nuestro número a 60 futuros padres en la próxima reunión.

Luego comenzamos nuestro bombardeo de "conversión de marketing" para llegar a nuestro grupo final de 40 participantes reales. Así es como funciona el embudo de marketing, comunicando valor en cada punto del proceso hasta que todos los miembros de su grupo final aparecen en el primer día de la capacitación para padres.

Estos son los ingredientes de mi receta de marketing:

- Directores sólidos (que utilizaron la mensajería saliente de All Call para comunicarse con los posibles padres)
- Fuertes enlaces con los padres (que hicieron llamadas telefónicas)
- Correos electrónicos
- Volantes y folletos
- Capacidad de tecnología Text, Dojo y Remind
- Una lista de números de teléfono celular para llamadas y mensajes de texto recordatorios
- Llamadas telefónicas a todos los padres que expresaron interés
- Visitas a domicilio con ejemplos de materiales del curso, como las coloridas mochilas que distribuimos a los padres que participaron.
- Llamadas telefónicas de recordatorio a todos los padres, el día anterior a la capacitación

A esta lista, ahora puede agregar invitaciones electrónicas (E-invites) de proveedores como Evite.com y Evensi.com, y Facebook, lo que le permite crear una página de Facebook única para cada evento. Aquí hay un ejemplo de Evite:

UBICACIÓN Y LOGÍSTICA

Realicé mi entrenamiento para padres en un salón de baile del centro cívico, lo suficientemente grande para acomodar a nuestros padres cómodamente, así como para proporcionar una habitación separada para sus hijos.

Abordé todos los obstáculos de transporte que podrían obstaculizar la participación. El centro cívico estaba en una ubicación céntrica en el centro. También proporcionamos transporte en autobús para padres e hijos en sus respectivas escuelas, con recogida en la mañana y recogida en la tarde, los cuatro días.

Contraté a ocho maestros para que dirigieran el cuidado de los niños, eliminando así la preocupación de otro padre. Esta es otra razón más para confirmar su número de personas para la capacitación de padres, de modo que tenga el número correcto de padres e hijos y proporcione suficiente transporte, comidas y cuidado de niños.

CINCO CONSEJOS DE FACEBOOK

1. Cada publicación de Facebook debe tener una fotografía o imagen atractiva que la acompañe. Un video divertido es aún mejor.

2. Mantenga el contenido de su publicación de Facebook en menos de 20 palabras. Facebook afirma que la participación máxima del lector ocurre a los 40 caracteres (alrededor de siete palabras) y declina cuanto más se lee la publicación.

3. Proporcione un hipervínculo a la página de destino de la invitación.

4. Asegúrese de que la función "Compartir" esté habilitada.

5. Cree una página de eventos de Facebook, si eso ayuda.

COMUNICACIÓN DE MARKETING

Al enviar una invitación a los posibles participantes, siga el **principio** de quién, qué, cuándo, dónde, por qué y cómo:

- **Quién**: ¿A qué **comunidades** vas a invitar?

- **Qué**: ¿En qué información los vas a involucrar?

- **Cuándo**: proporcione el día, la fecha y la hora del evento.

- **Dónde**: Proporcione la ubicación del evento, que debe estar cerca de una línea de autobús. Asegúrese de incluir instrucciones claras e información sobre el estacionamiento.

- **Por qué**: Indique la intención del evento con solo suficiente información para despertar el interés y convencerlos del valor del evento.

- **Cómo**: Explique cómo el programa beneficiará el aprendizaje de sus hijos.

Asegúrese de que las comunicaciones con los padres sean claras, concisas y convincentes.

Es preferible utilizar frases cortas, sencillas y directas. Las oraciones largas con cláusulas y excesiva formalidad inhiben la comprensión por parte del lector. ¡Haga que cada oración sea conversacional, como si estuviera hablando con cada padre en un ambiente relajado sin interrupciones!

Está permitido utilizar párrafos de una oración porque el espacio en blanco a su alrededor enfatizará un punto clave. Si es posible, evite usar TODAS LAS MAYÚSCULAS y signos de exclamación excesivos. Los padres quieren que les hablen, no que les griten.

Pruebe la línea de asunto del correo electrónico con sus coordinadores de padres, o un posible padre real, para ver si es algo a lo que responderían en la avalancha de correos electrónicos entrantes.

¡Felicidades! ¡Puede agregar Event Marketing a su conjunto de habilidades!

CAPÍTULO 12
Diseñar entornos acogedores

...todo el entorno sensorial está empaquetado para cualquier problema o contenido específico con el que nos enfrentamos... el contexto es significativo y nos afecta, seamos consciente o no de las consecuencias.

— Caine y Caine

La participación es un bulevar de dos vías. Pedimos la participación de los padres, y cuando no ocurre o ocurre a los niveles que esperamos, nos preguntamos por qué sucedió. Una mejor manera de ver este problema es desde el punto de vista del proveedor. Puede que no tenga nada que ver con tus padres.

"Si lo construyes, ellos vendrán", es la frase frecuentemente citada de la película de 1989, *Field of Dreams*. Es una premisa falsa. Los padres pueden venir a nuestro "campo de capacitación para la **participación de los padres**" a regañadientes si son forzados, o puede que no vengan en absoluto.

En primer lugar, las escuelas son entornos acogedores porque brindan un servicio de enseñanza y aprendizaje para sus hijos. Esa es tu base.

En segundo lugar, he visto a maestros dedicados que no hacen más que dedicar su tiempo y energía a ayudar a sus hijos en estas escuelas. El medio ambiente ya está ahí en términos de profesores de los estudiantes.

Los padres dudan en comprometerse porque no saben en qué se están involucrando. Es posible que no tengan el idioma inglés para que puedan entender y comprender. Es posible que no comprendan lo cálida y acogedora que será una sesión de capacitación.

Todas esas dudas y preguntas serán parte del desarrollo de su programa, incluido el marketing del programa, que se remonta a nuestro concepto, Botas sobre el terreno. Así es como diseñé el alcance para un programa de capacitación para padres en una ciudad importante en el centro del país que pasó, en ese momento, a ser el quinto distrito escolar más grande del país.

Primero, los maestros llevaron a cabo una reunión para determinar los mensajes que necesitaban para que los padres asistieran a la capacitación. Debido a que no había redes sociales en ese momento, determinamos que sería necesario realizar llamadas de casa en casa. No dejaríamos que los profesores salieran a los barrios individualmente. En cambio, salieron en equipos de tres, fueron a todas las escuelas y se sentaron con los padres, mostrándoles la mochila de materiales que iban a recibir si participaban.

Los maestros dejaron volantes con toda la información pertinente sobre el programa y les dijeron a los padres que los llamarían más tarde como seguimiento. Si el padre necesitaba transporte para asistir, les dijimos que teníamos a alguien que lo recogería. Fue como un esfuerzo para salir del voto, que llevó a los votantes a las urnas.

Cada año, nuestra capacitación se llevó a cabo en un lugar diferente y teníamos autobuses para recoger a los padres y sus hijos en las escuelas. Si los padres venían a la capacitación desde uno de los tres sitios escolares, había un autobús allí para recogerlos por la mañana.

Si no podían llegar allí, llamamos a personas que podrían llevar a estos padres a la capacitación. Estas son las estrategias de misión crítica de salir a su comunidad de una manera popular y eliminar el obstáculo del transporte. Los padres agradecen ese gesto.

Además, proporcionamos comidas y cuidado de niños. Si puede alimentarlos y cuidar a sus hijos, los padres pueden concentrarse en los temas **basados en el cerebro**.

Como mencioné anteriormente, necesita conocer su nexo. Es por eso que nos gusta capacitar a los padres con niños en prekínder, jardín de infantes y grados uno y dos. Lo más probable es que esos padres también tengan otros hijos en grados superiores o hijos mucho más jóvenes.

Déjame decirte algo sobre el género. En mi experiencia con distritos predominantemente hispanos, casi todo está dirigido a la madre. En esta cultura, lo más probable es que los padres trabajen. Por lo general, las mamás no trabajan fuera del hogar y pueden participar durante el día si usted les brinda cuidado de niños.

Conoce tu nexo. Encuesta a tus padres y escucha lo que te dicen de manera formal e informal. Obsérvelos tanto en las sesiones de orientación como en el entrenamiento real.

¿Están interesados? ¿Están haciendo preguntas? ¿Se divierten mientras aprenden? Estas son las claves del compromiso.

No solo cree el programa perfecto y espere una participación del 100% de los padres. Cree un programa sólido con la orientación de este libro y la orientación de los líderes de su escuela. Luego modifíquelo a partir de los comentarios que reciba de los padres. Te dirán lo que están pensando. Deje que los padres lo ayuden a construir ese campo de sueños que naturalmente atrae la próxima ola de participación.

CAPÍTULO 13
Estrategias de participación

La gente suele considerar que caminar sobre el agua o en el aire es un milagro. Creo que el verdadero milagro es caminar sobre la tierra. Todos los días participamos en un milagro que ni siquiera reconocemos: un cielo azul, nubes blancas, hojas verdes, los ojos curiosos de un niño, nuestros propios dos ojos.

— Thich Nhat Hanh

Hablando de milagros …

Reunir a 40 participantes durante cuatro días de formación significa que todos los participantes deben estar en sintonía. Incluso si viven en la misma comunidad o son padres de niños en la misma escuela, no se puede asumir que se conocen o se conocen bien, especialmente porque sus hijos están en los grados de prekínder a cuarto.

No puedo exagerar la importancia de las estrategias de participación para un programa de capacitación para padres como este. Nos aseguramos de coreografiar la **participación de nuestros padres** en cada minuto del día.

ROMPEHIELOS

Cada día comenzaba con un rompehielos de 20 minutos. Además de ayudar a los participantes a conocerse, estos rompehielos tenían otro propósito. Ayudaron a los padres a desconectarse del mundo exterior y a concentrarse en el día siguiente.

Un ejemplo de un rompehielos eficaz es formar un Círculo de Conocimiento (COK). Cada participante habla con su pareja o la persona a su lado, compartiendo información y comunicando cosas que le gustan.

Una variación del rompehielos COK es comunicar un mensaje sobre el **cerebro**. Usando una cuerda, conectamos las manos de todos en el círculo con una cuerda y les demostramos la forma en que se conectan las neuronas y las dendritas.

Con dos entrenadores en la sala, un entrenador puede dirigir al rompehielos desde el frente, y el otro entrenador puede servir como asistente y deambular por la sala.

A veces guiaba al rompehielos a modelar y dar mi propio mensaje personal a los padres.

VIDEOS Y ENTRADAS A DIARIO

Los videos seleccionados, presentados al final de cada sección, crearon y desarrollaron puntos de discusión para que los padres reflexionaran y reflexionaran sobre ellos.

Para acompañar el primer video, *The Watchful Guardians of Apricot Lane Farms*, los padres recibieron un imán altamente creativo como símbolo de asociación en la familia.

Para el segundo video, *A Pig Named Emma, 13 Piglets y 1 Big Miracle*, los padres recibieron una placa de azulejos que simboliza su papel como cuidadores firmes con un sentido de propósito.

Finalmente, para ilustrar el papel de las relaciones y asociaciones especiales dentro de una familia, los padres recibieron un gallo tejido a ganchillo en una caja con una cinta que significa el amor y la crianza de los padres, y la construcción de seguridad, protección y relación con sus hijos. Una tarea de redacción de un diario siguió a las proyecciones de video:

Asignación del día uno

1. ¿Qué es el proceso?
2. ¿Cómo procesa la información el cerebro?

Asignación del segundo día

1. ¿Qué es una barrera?
2. ¿Qué es la seguridad?
3. ¿Por qué la tecnología es una barrera para interactuar con los niños?

Tarea del tercer día

1. ¿Qué es estrategia?
2. ¿Por qué las estrategias ayudan a nuestros hijos a pensar mejor?

Asignación del día cuatro

1. Como padre, ¿cómo puedo involucrarme mejor?
2. Después de cada actividad, mini-conferencia y video, se alentó a los participantes a compartir sus pensamientos juntos como un equipo.
3. ¿Qué les gustó?
4. ¿Qué fue significativo?
5. ¿Qué pensaron?

Todos los facilitadores escucharon, y mientras el especialista en tecnología escribía los pensamientos en la pantalla, todos pudieron ver que los equipos y su significado y propósito se unían.

La coreografía es un poco como una ensalada de huevo.

— Susan F. Tierno

RECETA DE ENSALADA DE HUEVO DE LA DRA. SUE

Esta ensalada de huevo saludable es una receta de almuerzo muy fácil para los niños que acaban de leer *Por Winn Dixie*. Este ejemplo de cocina estadounidense alimenta a 16 estudiantes de segundo grado hambrientos.

Ingredientes

- 20 huevos duros, picados en trozos pequeños
- 3/4 taza de apio, cortado en cubitos (alrededor de 3-4 tallos medianos)
- 1/4 taza de cebolla morada, rallada (como queso)
- 5 pepinillos encurtidos medianos, finamente picados (¡a los niños les encantan los pepinillos!)
- 2 chupitos gigantes de mostaza amarilla regular
- 4 batidos de pimentón
- 4 batidos de pimienta molida
- 3 batidos de sal marina, al gusto (siempre explico por qué la sal kosher es mejor para ellos)

Instrucciones

1. Hervir los huevos. Drene con cuidado el agua y deje correr los huevos con agua fría antes de pelarlos. Los dejo reposar en el refrigerador durante la noche para pelarlos más fácilmente.
2. Pique los huevos, el apio, la cebolla y el pepinillo como se indica y coloque todo en un bol.

3. Agregue mostaza, pimentón, pimienta. Mezclar con una cuchara de madera grande hasta que se combinen. Pruebe y sazone con sal al gusto.

Unte sobre pan fresco. Ponlo en un plato de papel. Sirva con un gran puñado de papas fritas. ¡Mira la película, *Por Winn Dixie*, y DISFRUTA!

CAPÍTULO 14
Coreografía

Muchas de las películas de hoy se hacen con un programa de filmación de 21 días. La razón de esto tiene que ver con el presupuesto de la película y la disponibilidad limitada del talento actoral. Dada la línea de tiempo comprimida, los productores de películas deben reunir todos los elementos (incluido el director, los actores, el equipo de cámara, los constructores de escenarios, el personal de maquillaje y vestuario, y el servicio de catering) en una ubicación central. Cada hora de cada día está escrita como en la película. Es intencional y disciplinado. No hay margen de error.

Para mantener mis sesiones de capacitación para padres a tiempo, apliqué un documento de "**Coreografía** de actividades", que comparto con ustedes en las siguientes páginas. Si miras de cerca, verás que cada día está segmentado en bloques de 30 minutos, y con mis entrenadores, tuve esos bloques de 30 minutos divididos con mayor precisión. Cada día tenía su propia **coreografía** detallada coordinando estos elementos:

1. Tiempo
2. Objetivos
3. Objetivos
4. Facilitadores
5. Materiales

Tenga en cuenta que cada bloque de 30 minutos está marcado por un código de actividad que rastrea el tipo de actividades que permitirán diferentes tipos de aprendizaje:

- **Aprendizaje activo:** aprender haciendo
- **Aprendizaje emocional:** videos y reflexiones
- **Compromiso:** cuidar y ser cuidado
- **Compromiso de pensamiento:** dialogar e involucrar a los participantes en una idea, un enfoque, un diálogo o una percepción o creencia:

Códigos de actividad

TAC = táctil

T = Tecnología

L = Escuchar-Lectura

K = cinestésico

A / V = Auditivo-Visual

TnT = Turn n 'Talk

W = Escritura

EC = Conexión emocional

GW = Trabajo en grupo o en equipo en / o con manipuladores

Hora	Día 1	Día 2	Día 3	Día 4
8:15-8:40	Iniciar sesión y desayuno	Iniciar sesión y desayuno	Iniciar sesión y desayuno	Iniciar sesión y desayuno
8:40-9:00	Apertura ROMPEHIELOS	Apertura ROMPEHIELOS	Apertura ROMPEHIELOS	Apertura ROMPEHIELOS
9:00-9:30	Abrelatas Hacer un plan (MAP) El qué y el por qué de los pasos Hacer una lista (MAL) de todos los elementos de Think-parents son PAC ™ potentes *TAC, K, W*	Apertura Actividad de Manzana Herramientas para padres T-Chart *TAC, K*	Apertura ¿Ya llegamos? Actividad del mapa *K, TnT, GW*	Apertura Lectura de libros electrónicos Conexión electrónica a la alfabetización *T, A/V*
9:30-10:00	**Kahoot-It** Un cuestionario en línea sobre la perspectiva de los padres sobre el papel de la crianza y el establecimiento del propósito del seminario para padres *T, A/V*	**Parent Roles** Revise las preguntas clave: • ¿Cómo fue la escuela para mí? • ¿Cómo quiero que sea la escuela para mis hijos? • Como padre, ¿qué papel quiero desempeñar en el entorno escolar y el proceso de aprendizaje de mis hijos? *EC (VIDEO TEAMS)*	**Different Ways of Connecting** Las cuatro categorías del estudio (MBTI) se discutirán y conectarán con los diferentes estilos CLAVE del cerebro para clasificar, recurrir y priorizar ¿Por qué es importante clasificar, recurrir y priorizar a nuestros hijos y al pensamiento? *Play Game; TAC, GW*	**Think-Coaching for Home Practice!** Revisar las diferentes estrategias utilizadas a lo largo del programa. MAPA MAL Estrategias de palabras con blocs y lista de palabras. Dictionary.com T, W LANZA los cubos de la historia de los dados Tarjetas puente ™ *TAC, TnT* *Haz una oración*
10:00-10:10	**PAUSA MINI-CEREBRAL**	**PAUSA MINI-CEREBRAL**	**PAUSA MINI-CEREBRAL**	**PAUSA MINI-CEREBRAL**
10:10-10:30	**Conoce el cerebro** Diferentes partes del cerebro y sus funciones, y el papel de la	**Conexión cerebral** **& Patrones** Los padres conectarán las	**Dendritas** Video: "El cerebro de Alzheimer" El papel del	**¡Piénsalo!** Presente los 6 pasos con andamios para construir un

	función y disfunción cognitiva Frontal izquierdo-derecho y posterior del cerebro Cómo usar cada parte JUEGO DE NADA "Entrada-elaboración-salida" *L, TnT*	partes del cerebro y sus funciones utilizando un modelo 3-D del cerebro. JUEGO: Las tablas con partes del cerebro se levantarán e irán a buscar las otras partes del cerebro para hacer un cerebro completo. *TAC, K*	desarrollo del cerebro frente al pensamiento crítico, creativo y emocional ¿Cómo puede ayudar a su hijo como padre? *TnT, Haz un mensaje*	proyecto Utilizándolo todo, desde los marcos del cerebro derecho al cerebro izquierdo hasta la toma de decisiones con Vamos a ThinkWrite ™ *TAC, K, A/V*
10:30-11:00	**ACTIVIDADES** *Sombrero / rompecabezas Make-a-Brain* *Jugar un juego* *K*	**ACTIVIDADES** *Rompecabezas del cerebro* *Trípodes e información cerebral* *TAC, GW*	**ACTIVIDADES** *Haz un puente con palitos de helado* *Envíe un mensaje de texto a su pensamiento a medida que sucede* *TAC, K*	**ACTIVIDADES** *Aplíquelo* *Estrategias desde arriba* *TAC, K, A/V*
11:00-11:30	**Conexión cerebral** Explore el papel de las dendritas en la función cerebral y sus implicaciones con las respuestas de los niños al medio ambiente. "Radio Cerebro" *AV, TnT*	**Preparando el cerebro para la escuela** Los padres se vuelven expertos en las diferentes etapas del desarrollo del cerebro *GW, TnT*	**Sea un Padre entrenador** 4 partes de una paternidad poderosa • Proporcionar necesidades básicas • Brindar seguridad y protección • Brindar amor • Sea un entrenador de procesos y un entrenador de estrategia ¿Qué es pensar? *TnT*	**¿Luego que?** *Entrada-Elaboración-Salida* *Explique los pasos del aprendizaje basado en proyectos Let's ThinkWrite ™* *TAC, K*
11:30-	**ACTIVIDADES**	**ACTIVIDADES**	**ACTIVIDADES**	**ACTIVIDADES**

11:45	*Dendritas Telaraña* *Recorte de dendritas*	*Hacer un menú*	*Mapas mentales y toma de decisiones mediante tarjetas temáticas*	*Proyecto Team PBL sobre el tema "Dinosaurios"*
	K, TAC	**TAC, K, W, GW**	**TAC, A/V**	**GW**
11:45-12:00	Video: "Los guardianes" Escritura de diario "¿Qué es el proceso?" "¿Cómo procesa el cerebro la información?" *W*	Video: "Emma" Escritura de diario "¿Qué es barrera?" "¿Qué es la seguridad?" "¿Por qué la tecnología es una barrera para involucrar a los niños?" *W*	Video: "El cerdo y el gallo: una relación poco probable" Escritura de diario "¿Qué es la estrategia?" "¿Por qué las estrategias ayudan a sus hijos a pensar mejor?" *W*	Video: "Los ThinkParents SON PODEROSOS 2015" Escritura de diario MindMeister "¿Cómo puede participar mejor como padre?" *W*
12:00-12:30	**GRUPO DE ENFOQUE**	**GRUPO DE ENFOQUE**	**GRUPO DE ENFOQUE**	**GRUPO DE ENFOQUE**
12:30	**Almuerzo**	**Almuerzo**	**Almuerzo**	**Almuerzo**

CAPÍTULO 15
Un nuevo enfoque:
Aprendizaje estructurado mediado

Mi método implica no solo hacerte saber algo de forma pasiva, sino cómo producirlo, cómo crearlo. No solo les estoy pasando información, sino que les paso todo lo que necesitan saber para que puedan aprender por sí mismos.

— Dr. Reuven Feuerstein

Uno de los pilares que respaldan el aprendizaje **basado en el cerebro** como enfoque de formación es el concepto y la aplicación del aprendizaje **mediado** estructurado (SML) o la experiencia de aprendizaje **mediado** (MLE). La experiencia de aprendizaje **mediado** es el procesamiento intencional de procedimientos, información y la salida del pensamiento que deben procesarse para funcionar en el mundo. La mediación enfatiza la comprensión comunitaria del conocimiento, el intercambio colaborativo de experiencias y la clasificación o categorización de ideas. El mediador ayuda al alumno a enmarcar, filtrar y programar los estímulos y, en última instancia, influye en las posibles formas en que se produce la transferencia de conocimientos en el pensamiento del alumno.

MISMA CULTURA, DIFERENTES APTITUDES DE APRENDIZAJE

El Dr. Reuven Feuerstein desarrolló la teoría del aprendizaje mediado en la década de 1950 como una forma de explicar cómo las personas aprenden de manera diferente. Comenzó con una observación cultural. Feuerstein notó que los adultos que emigraron a la sociedad de Israel altamente impulsada por la tecnología de diferentes culturas demostraron diferentes niveles de aprendizaje al adaptarse a su nuevo hogar. Algunas variaciones se explicaron por la cultura original de los inmigrantes. Lo que a Feuerstein le pareció más fascinante fue la diferencia en la aptitud de aprendizaje de los individuos de la misma cultura. ¿Qué explica esta diferencia?

Los de bajo rendimiento no habían aprendido a aprender. Si alguien no puede adaptarse a una nueva forma de vida más compleja, no es un signo de la falta de inteligencia de ese individuo, sino una **modificación** que requiere el uso de herramientas cognitivas. Recibimos a muchos recién llegados y esperamos que hayan traído consigo los procesos de aprendizaje necesarios para navegar en nuestro sistema educativo como padres y como estudiantes.

Feuerstein construyó y replicó todo un cuerpo de investigación. Cientos de artículos han examinado la relación del aprendizaje **mediado** con la ciencia cognitiva y la neurociencia. Más allá de la teoría y la práctica a nivel individual, el campo del aprendizaje **mediado** ahora analiza los **sistemas** que podemos diseñar para permitir que las personas se adapten mejor a los nuevos entornos culturales. Con este fin, integro completamente los principios del aprendizaje **mediado** en mi instrucción diaria y en mi entrenamiento y enfoque de **participación de los padres**. Está entretejido en mi **coreografía** de actividades y la cadencia de interacción tanto con los estudiantes como con los padres.

CRITERIOS DE MEDIACIÓN

El **aprendizaje mediado** es un portal para desarrollar habilidades de interacción, fomentar el aprendizaje autónomo y la metacognición (o "pensar sobre el pensamiento"). Implementado para detectar y evaluar las fortalezas y debilidades de un estudiante, ofrece estrategias para remediar la disfunción del pensamiento y, en algunos casos, liberar el potencial de un estudiante.

Feuerstein identificó 10 criterios esenciales para la mediación:

1. Intencionalidad y reciprocidad
2. Significado
3. Trascendencia
4. Competencia
5. Autorregulación
6. Compartir
7. Individualización
8. Planificación de objetivos
9. Desafío
10. Auto-cambio

En este capítulo sólo hay un poco de información pero lo invito a conocer estos criterios con más profundidad en *Aprendizaje mediado: dentro y fuera del aula* (Skylight, 1996).

La **mediación** es un enfoque flexible y abierto, con la oportunidad de personalizar el **andamio** de la aplicación y los conceptos clave.

Cómo funciona

El **aprendizaje mediado** implica el uso de un entrenador de aprendizaje **mediado**, que puede ser un padre, hermano, maestro u otro profesional involucrado de cerca en la vida del alumno. El mediador es alguien que transforma y organiza los diversos estímulos experimentados en el entorno para el alumno.

La MLE a menudo se asocia con la *memoria de trabajo* (cómo mantenemos la **memoria** en su lugar y pensamos en términos de los próximos pasos).

Esto es especialmente útil para los estudiantes que no pueden tener un pensamiento en su mente, y mucho menos varios pensamientos al mismo tiempo.

Feuerstein identificó tres áreas principales en las que el entrenador mediador puede influir en un estudiante:

1. Aporte
2. Proceso / Elaboración
3. Producción

Por ejemplo, una **estrategia** de **entrada** podría implicar que el maestro le diga a un alumno: "Mira la pizarra o mira el libro y dime lo que dice", lo que provocaría una recopilación de información (a través de los oídos y los ojos). Esta tutoría, o mediación, está destinada a contrarrestar a un estudiante que se apresura a realizar una tarea, lo que resulta en errores por descuido y retrasos.

Un ejemplo de **elaboración** podría ser una clase de estudios sociales de primaria, donde se enseña a los estudiantes cómo usar el glosario, incluido dónde se encuentra un glosario en un libro, además de los conceptos de en orden alfabético, palabras guía y definiciones.

La **fase de salida** está asociada a una solución o producto. Un ejemplo de salida podría ser: "Toma las palabras de la semana y colócalas en orden alfabético".

Un enfoque poderoso

El **aprendizaje mediado** es aplicable a todos los grupos de edad, por lo que puedo usarlo tanto con mis padres como con mis alumnos, ¡así como con mis amigos fuera de la capacitación! Se individualiza para el alumno, creando un proceso personalizado, que es de carácter de apoyo inmediato. Nadie está simplemente agrupado con los demás y se siente sintiéndose perdido. Está en sintonía con el desarrollo cognitivo, lo que implica crecimiento personal. Incluso permite a los alumnos ir más allá del aprendizaje en cuestión y pensar en su forma de pensar. Adopta nuevas experiencias y fomenta la integración en el proceso de aprendizaje.

CAPÍTULO 16
Actividades basadas en el cerebro

Podría pensar que lo que somos como adultos ahora está fijo en su lugar, inamovible. Pero no lo es: en la edad adulta nuestros cerebros continúan cambiando. Algo a lo que le dimos forma, y que puede mantener esa forma, es lo que describimos como plástico. Y lo mismo ocurre con el cerebro, incluso en la edad adulta: la experiencia lo cambia y retiene el cambio.

— David Eagleman

En el centro de la capacitación para padres, diseñé una serie de actividades de capacitación con apoyo **basadas en el cerebro**. Los temas que surgieron de las actividades de capacitación y materiales para padres provienen del uso de actividades prácticas, una presentación de tecnología completa para impacto visual y más de 18 actividades intencionales e interactivas que incluyeron juegos, diálogo, cinco videos y equipo estructurado reflexiones.

En mi experiencia, formar a los padres es muy diferente a enseñar a los niños. Mi receta para capacitar a los padres cubre tres enfoques:

1. **Aprendizaje basado en el cerebro**
2. **Aprendizaje mediado o cómo ser un Think-Coach**
3. **Aprendizaje socioemocional**: cómo hablar para que los niños piensen y piensen para que los niños hablen

Los tres enfoques se presentan en éste libro.

Siempre me aseguro de coreografiar con propósito, participación e interacción. Para mi equipo de entrenadores, es un desglose intencional y deliberado de elementos fisiológicos, intelectuales, emocionales y cronológicos. Todo esto está planeado antes de que comience el entrenamiento.

Cuatro facilitadores dirigieron las actividades que se describen a continuación y resultaron en experiencias aprendidas para los padres.

Cada actividad está interconectada con una o más partes del cerebro y fomenta la comprensión.

Como entrenador y coreógrafo, es imperativo que conozcas las partes del **cerebro**. Como se muestra en los gráficos de la etapa del **cerebro** en el Capítulo 4, explico visual y verbalmente durante todas las actividades que el **cerebro** es enorme en su complejidad y capacidades. El **cerebro** se ocupa de cada parte de lo que hacemos, desde que nacemos hasta la vejez.

El resto de este capítulo es un recurso extenso para la **participación de los padres** e incluye 18 **actividades** descritas en detalle. Estas actividades están en el centro de la capacitación para padres que realicé y en la que basé mi investigación.

Creo que estas actividades te resultarán muy valiosas y tus padres las encontrarán informativas y agradables. También obtendrán muchos conocimientos, habilidades y comprensión sobre cómo funciona el **cerebro** de sus hijos.

Las actividades están en el corazón del aprendizaje.

Cada una de las siguientes actividades fue organizada y utilizada durante la capacitación. Cada actividad se describe aquí simplemente y describe cómo funciona el **cerebro** cuando la actividad está en proceso. También se describen las reacciones y comentarios de los padres.

ACTIVIDAD 1: PIEL DE MANZANA

ACTIVIDAD: Se les pide a los padres que encuentren la mejor "herramienta" para pelar una manzana. Se pide a tres personas que pasen al frente. Se dan tres herramientas diferentes. El propósito de la actividad es demostrar el pensamiento inferencial de dar a sus hijos las mejores herramientas para tomar una decisión y conectar bien su pensamiento.

ACTIVIDAD CEREBRAL: Esta actividad conecta la corteza prefrontal con el pensamiento, la planificación, la resolución de problemas y la corteza sensorial (tira) donde la información actual se integra en la emoción y la **memoria**.

Esta actividad y reacción del **cerebro** se conectan a la corteza motora (tira), que desempeña un papel fundamental en el inicio de la acción de los músculos de los brazos y las manos necesarios para utilizar la herramienta para pelar la manzana. La acción muscular se conecta luego a la amígdala, que tiene la capacidad de generar emoción positiva con la percepción y el pensamiento de la actividad.

PERSPECTIVAS: Los padres notaron, de manera perspicaz, que la actividad fue una manera de que ellos entendieran que necesitan las estrategias correctas para su aprendizaje a fin de ayudar a sus hijos a aprender. Los comentarios incluyeron: "Aprendí que puedes tener algún problema, y es posible que no tengas las estrategias adecuadas, pero siempre encontrarás algo" y "Acerca de las manzanas, eso nos da estrategias [nos enseñó] para estar preparadas como mamás para que podamos ayudar a nuestros hijos ... Fue de gran ayuda".

Este comentario en particular indicó que este padre participante reconoció la necesidad de conocer, comprender y aplicar estrategias.

ACTIVIDAD 2: SOMBREROS CEREBRALES

ACTIVIDAD: En esta actividad, se les pide a los padres que sostengan, toquen y sientan un **cerebro** realista hecho de goma blanda. Esto incluye examinar la textura del **cerebro** de goma y sus diferentes partes. La intención de esta actividad es que los participantes utilicen sus manos y ojos para ayudarlos a estar mejor informados sobre las partes del **cerebro**.

ACTIVIDAD CEREBRAL: Participar en una actividad de este tipo ayuda a interconectar el lóbulo occipital, que procesa la información visual y transmite la información sensorial a la corteza. Tocar el **cerebro** de goma permite a los participantes tener una idea de cómo es la forma del **cerebro**.

A los padres se les entrega un sombrero para el **cerebro** que requiere ensamblaje antes de usarlo. Este ejercicio requiere la conexión del lóbulo occipital y su uso de la relación espacial con la corteza prefrontal que maneja el pensamiento y la planificación, la organización y la resolución de problemas.

Estas tres habilidades de pensamiento están ubicadas en la corteza prefrontal y el facilitador de la actividad las enfatiza como críticas para organizar todos los bits de información que ingresan al **cerebro** de un ser humano.

Esta actividad ayuda a demostrar a los padres cuán intencionados y magistrales deben ser al trabajar con sus hijos en el pensamiento y la planificación, la organización y las habilidades para resolver problemas.

Además, la actividad demuestra que al usar la corteza sensorial o la sensación táctil de las manos mientras tocan las partes del **cerebro** de goma, los participantes podrían comenzar a comprender el órgano llamado **cerebro**. Les demuestra cómo sus hijos asimilan la información, piensan y aprenden. Como padres, se dan cuenta de lo poderoso que es el **cerebro** y de lo mucho que puede lograr en un corto período de tiempo cuando se les da la dirección y las conexiones correctas.

PERSPECTIVAS: Los padres expresaron un aprecio abrumador por esta actividad práctica. Cada uno usó su sombrero de **cerebro** durante al menos una hora durante el entrenamiento e hizo comentarios como, "Realmente aprendí cómo funciona el **cerebro** de mi hijo".

Un padre señaló que ser más organizado y comprender las estrategias o actividades que enfatizan esto le ayudaría a ser más paciente con sus hijos. Todos los facilitadores observaron que los padres participantes estaban adquiriendo conocimientos rápidamente, haciendo que cada actividad fuera más productiva para aprender el mensaje inferencial sobre el **cerebro**.

ACTIVIDAD 3: ROMPECABEZAS

ACTIVIDAD: Se les pide a los padres que corten, coloreen y marquen partes del **cerebro** (como se muestra en el Capítulo 6) para crear piezas de rompecabezas. Luego se les pide que ensamblen las piezas sin ver todo el **cerebro**. Con las piezas del rompecabezas esparcidas en las mesas por toda la sala, los participantes interactúan en una actividad cinestésica que les obliga a ubicar a otras personas en la sala que tienen las distintas partes del rompecabezas del **cerebro** que necesitan.

Luego, los padres forman equipos y unen su rompecabezas cerebral como un **cerebro** completo.

ACTIVIDAD CEREBRAL: Esta actividad interconecta el lóbulo occipital, que procesa la información visual y sus innumerables características. El lóbulo occipital está conectado al lóbulo parietal que no solo sintetiza información, sino que también procesa la distancia, el tamaño, la forma, la intensidad y la ubicación.

PERSPECTIVAS: Los padres favorecieron abrumadoramente las actividades de rompecabezas, como se evidencia en sus rostros mientras realizaban las actividades, **modelaban** sus sombreros, interactuaban para compartir lo que más les gustaba y comentaban.

Un padre expresó positivamente: "Me encantan estas actividades [no solo por la organización, sino], hay tantas formas [que nos ha mostrado] cómo ayudar a nuestros hijos que no conocíamos".

ACTIVIDAD 4: CÍRCULO DE CONOCIMIENTO

ACTIVIDAD: Esta actividad se lleva a cabo para involucrar al grupo de participantes durante las sesiones de coaching de seguimiento. El propósito de esta actividad es recordar y organizar información fáctica sobre el **cerebro**.

Se les pide a los padres que formen un gran círculo para poder estar uno frente al otro. Se distribuyen dos **cerebros** de goma, uno en cada extremo del círculo. Cada padre pasa el **cerebro** y dice un hecho que recuerdan sobre el **cerebro**. Se reproduce música mientras se pasan los cerebros de goma.

Cuando la música se detiene, se les pide a los padres que se reúnan en equipos de cuatro y hablen sobre sus experiencias e ideas.

ACTIVIDAD CEREBRAL: Esta actividad implica la participación de varias partes del **cerebro**, como el lóbulo parietal que sintetiza la información relacionada con el cuerpo y su yo físico.

Aunque sintetizar es transmitir información, el lóbulo frontal se involucra en la actividad interconectando los músculos que capturan los **cerebros** de goma a medida que pasan, utilizando ambos lados del cuerpo.

Esta interconexión se transmite al mesencéfalo, o el área del **cerebro** que transmite información tanto auditiva como visual; el rombencéfalo controla el cuerpo mientras el mesencéfalo transmite la información.

A medida que los participantes escuchan música, las áreas del lóbulo temporal de sus **cerebros** se activan, lo que reestructura la **memoria** e interpreta la música.

PERSPECTIVAS: Muchos comentarios de los padres fueron reveladores, pero un comentario en particular capturó cómo se sentían todos los padres colectivamente mientras escuchaban, se movían y compartían activamente en esta actividad. Este comentario en particular indicó que la participante reconoció que ella "no estaba informada acerca de cómo todas las cosas [las partes del] **cerebro** pueden... funcionar".

ACTIVIDAD 5: CÍRCULO DE CONOCIMIENTO Y CONEXIONES DENDRITE

ACTIVIDAD: Los padres forman un círculo con las manos en el aire. Las manos en alto alrededor del círculo están destinadas a simular dendritas o neuronas en el c **cerebro**.

El propósito es demostrar visualmente y de manera táctil y cinestésica lo que ocurre literalmente cuando el pensamiento se transmite, transfiere e interconecta para mapear la actividad cerebral.

Está destinado a enseñar a los participantes que cada crecimiento dendrítico ocurre debido al proceso de conexión en los pasos del pensamiento. Cuantas más neuronas se disparen, mejor se produce el pensamiento.

Se puede usar hilo de color para demostrar cómo las dendritas llegan a varias partes del **cerebro**. A medida que se narra, el hilo se conecta a las manos en alto en el aire.

ACTIVIDAD CEREBRAL: Esta actividad involucra el lóbulo occipital que transmite información sensorial a la corteza y procesa la información visual que luego se interconecta con la corteza prefrontal para asegurar el pensamiento. Luego, la información continúa en el hipocampo en el **cerebro** que recopila la información visual y verbal recibida y la convierte en **memoria**.

PERSPECTIVAS: Los comentarios de los padres sobre esta actividad demostraron emoción. Estaban abrumados de poder, de hecho, aprender del proceso de una actividad tan interactiva.

Un participante señaló: "Me sorprende la cantidad de información que he aprendido ... eso significa [que mi hijo puede aprender] y almacenar mucha información".

ACTIVIDAD 6: HAZ UN PLAN

ACTIVIDAD: El propósito de esta actividad es demostrar y asegurar que los padres aprendan que la organización en el **cerebro** requiere pensamiento intencional, no acción o reacción.

El **cerebro** funciona de manera más eficiente si se toman medidas organizativas o de procedimiento. La intención es involucrar a los participantes mediante una estrategia táctil. Esto significa que los participantes deben tocar tanto visualmente como con las manos las partes del **cerebro** que se interconectan para un pensamiento más organizado.

Una vez que se aprende este concepto, se enseñan a los participantes los pasos de procedimiento de tres palabras: Primero, Siguiente y Último. Cada padre escribe las tres palabras en recuadros.

Para ayudar a enfatizar el proceso organizacional, a todos los participantes se les dan algunas palabras de dirección, como cortar, obtener, escribir, colorear o hacer, que clasifican y ponen en orden en las categorías de Primero, Siguiente y Último para crear pasos lógicos para completar una tarea.

Estas palabras se dan para demostrar el uso rápido y eficiente de la **memoria** y su uso para completar tanto tareas direccionales en la casa como para completar una tarea como la tarea. Una vez que los participantes introducen y aprenden los pasos, esta estrategia se utiliza a partir de entonces para cada tarea de la capacitación.

ACTIVIDAD CEREBRAL: La estrategia se basa en el uso del hipocampo, la parte del **cerebro** que recibe información y trabaja para convertir la **memoria** a corto plazo en **memoria** a largo plazo. Esta acción luego se transmite al lóbulo temporal donde la información se reestructura para la **memoria** permanente.

PERSPECTIVAS: Los padres se emocionaron cuando aprendieron esta estrategia y la aplicaron. Entendieron claramente varios conceptos impactantes y eficientes. Un padre señaló: "Las reglas de los 3 pasos [Primero, Siguiente, Último] son muy creativas y menos duras para que nuestros hijos terminen sus tareas".

Otra madre expresó el impacto general en una declaración de gratitud: "Me encanta cómo [el facilitador] ha tomado tanta dedicación para mejorar el estímulo de los padres para ayudar a sus hijos a educarse a sí mismos. Su pasión es tan fuerte que se nota, y no puede evitar tocarnos a todos. Todas las madres que veo en los entrenamientos han cambiado de un día para otro".

La idea de hablarles, gritarles, actuar y reaccionar con sus hijos para que trabajen en sus deberes se sintió en una comprensión articulada por otro participante, quien comentó: "Ahora entiendo que darles a mis hijos muchas opciones no es bueno. Al hacer la tarea, haré un plan: primero, siguiente, último".

ACTIVIDAD 7: JUEGO DE BÉISBOL

ACTIVIDAD: La intención de esta actividad es la reflexión y el intercambio de ideas, pero en una actividad más deportiva. El objetivo es que los padres encuentren a tres personas con las que compartir ideas sobre la información que acaban de aprender.

Quiero crear la repetición de patrones de una manera más cinestésica y demostrar cómo crear la repetición de patrones para desarrollar la **memoria**.

Cada uno de los padres recibe tres tarjetas de colores que contienen preguntas. Luego se mueven entre cuatro áreas de la habitación marcadas como las bases en un campo de pelota.

En cada base, los participantes discuten con otros las ideas y conceptos que han aprendido en la capacitación que pertenecen a las tarjetas de preguntas. También registran las respuestas de otros a las preguntas. Suena un silbato para marcar el final de la discusión en cada base.

Una vez que se completa la ronda final, o el jonrón, los participantes discuten las tres preguntas y respuestas. Luego sintetizan y comparten sus resúmenes con todo el grupo de capacitación.

ACTIVIDAD CEREBRAL: La organización requiere el uso del lóbulo frontal, que se encuentra justo encima y dentro de las arrugas de la corteza prefrontal. Esto generalmente se denomina centro de funciones ejecutivas, que crea la planificación de la actividad y luego organiza y piensa qué decir durante la actividad.

PERSPECTIVAS: De los comentarios de los padres quedó muy claro que la interacción, el intercambio y el diálogo les resultaron útiles como alumnos.

Varios comentarios incluyeron: "Me gustó el ejercicio sobre la comunicación con los demás" y "Aprendí a escuchar, organizar e intercambiar opiniones". Esta actividad demostró, y fue reconocida por los padres, que la organización es una habilidad que se puede aprender y aplicar de manera creativa.

ACTIVIDAD 8: MÁRMOLES

ACTIVIDAD: El objetivo del juego de las canicas es que los padres trabajen en equipo y se organicen para crear reglas y jugar a alguna forma de canicas. El **cerebro** tiene su propia resistencia para el origen y la innovación cuando se trata de actividades. La intención del juego de las canicas es comparar las canicas esparcidas con los pensamientos y eventos que ocurren a lo largo de la vida diaria. Para los padres, se trata de sus hijos pequeños. En otras palabras, los pensamientos y eventos que son difíciles de controlar y dan como resultado el caos, a menudo reemplazan la estructura y el orden.

Los padres discuten las reglas e idean estrategias para golpear otras canicas. Al hacerlo, consideran y aplican habilidades para la resolución de problemas, la elaboración de reglas y la toma de decisiones.

ACTIVIDAD CEREBRAL: Estas habilidades requieren el uso de la interconexión del lóbulo frontal del **cerebro** (que usa lados opuestos del cuerpo y planes para el futuro) con el lóbulo parietal que procesa la distancia, el tamaño, la forma, la intensidad y la ubicación. Estas partes del **cerebro** están interconectadas con el rombo-encéfalo que controla la función y coordinación del cuerpo y los músculos.

El propósito del juego de las canicas es correlacionar o interrelacionar ambos objetos multisensoriales con el pensamiento enfocado. El pensamiento enfocado conecta ideas antiguas con ideas nuevas y ayuda a determinar qué errores evitar. El movimiento de las canicas en todas las direcciones a menudo está fuera de control, al igual que el **cerebro** bajo el estrés de recibir demasiada información, lo que puede abrumar la capacidad de procesamiento.

Usar el lóbulo frontal para objetivos y planificación. Diseñé estrategias de juego divertidas para ayudarlos a aprender sobre las habilidades motoras y las relaciones espaciales.

El juego de las canicas conecta literalmente las habilidades cognitivas del cerebelo, las habilidades de relación espacial del lóbulo occipital y el procesamiento de reglas o **memoria** emocional. El **cerebro** no está diseñado para realizar múltiples tareas, que es la razón de un conjunto claro de reglas para el juego.

PERSPECTIVAS: Una madre perspicaz señaló: "Las canicas [nos mostraron que] no podemos controlar todo al mismo tiempo". Agregó que pensó que el juego la ayudó a darse cuenta de que debe controlarse a sí misma y luego a sus hijos organizándose y estableciendo reglas.

Otra madre expresó que se veía a sí misma de manera realista, durante la actividad de su día, actuando como se movían las canicas. Esto demostró un profundo nivel de aprendizaje y aplicación al cambio para ella.

ACTIVIDAD 9: DRA. WRIGHT

ACTIVIDAD: La intención de esta actividad de círculo grande es construir sobre el Círculo del Conocimiento e involucrar a los participantes en una historia divertida que involucra direccionalidad. Mientras un facilitador lee una historia y se detiene en cada una de las palabras de dirección, enfatizando en qué dirección, los participantes se pasan el cerebro de goma entre sí y siguen las instrucciones del Dra. Historia de Wright.

ACTIVIDAD CEREBRAL: Al seguir las instrucciones y prestar atención a las señales de direccionalidad izquierda / derecha, los participantes recurren al lóbulo temporal intencionalmente (para la **memoria** a corto plazo) y al lóbulo occipital y al tálamo que transmite rápidamente información sensorial a la corteza para la toma de decisiones.

PERSPECTIVAS: Los comentarios de los padres fueron similares a los que se hicieron sobre el Círculo del Conocimiento en el sentido de que no se dieron cuenta de la importancia de escuchar y pensar de manera simultánea e intencional. Lo que se dieron cuenta es que, a menudo, al escuchar ucna dirección, el **cerebro** procesa la información de manera opuesta.

Aunque esto fue gracioso emocionalmente, una vez relacionado con el mundo real, los padres se dieron cuenta de los errores que se podían cometer de esta manera con sus hijos o su familia.

ACTIVIDAD 10: JACKS

ACTIVIDAD: Los padres forman equipos de dos, tres o cuatro con una bolsa de gatos y una pelota de goma. Se les pide que creen sus propias reglas basadas en las reglas de "Jacks" o matatena que usaban cuando eran niños. Aplican el concepto de entrada-elaboración-salida durante la actividad y conceptualizan estrategias para ganar mientras trabajan en las habilidades motoras y las relaciones espaciales. Descubren cómo los gatos caen al suelo en patrones de dirección cercana o agrupada, lejana y cercana.

Los padres pueden enviar mensajes de texto con sus pensamientos a lo largo del juego, o pueden documentar sus ideas en un diálogo de texto. Una persona de cada equipo está designada para manejar los mensajes de texto y la escritura.

ACTIVIDAD CEREBRAL: Similar a las canicas, el juego de matatena requería el uso del lóbulo frontal para los goles y la planificación de la ejecución una vez que la pelota está en el aire, y el uso del lóbulo occipital para procesar la distancia y la ubicación. Una vez enviado a los transmisores en el rombo-encéfalo, se lleva a cabo la coordinación muscular con el pensamiento.

PERSPECTIVAS: Los padres comentaron que no habían jugado el juego en bastante tiempo. Esto provocó un gran caos en términos de coordinación para lanzar la pelota al aire y reunir un número determinado de piezas. Los padres notaron en general que el juego requería pensar mucho en el futuro y discutieron cómo se relacionaba con su aprendizaje y con el pensamiento y el aprendizaje de sus hijos.

ACTIVIDAD 11: RADIO CEREBRO

ACTIVIDAD: El propósito de esta actividad de escuchar y hablar es interpretar y sintetizar el significado de un sonido en relación con los niños de los participantes.

Un audio de dos minutos de los canales de radio que se cambian en un automóvil demuestra que la calidad intermitente de lo que el **cerebro** captura y procesa es muy inconsistente. El audio de dos minutos hace que los participantes se rían, especialmente si uno de los facilitadores representa a un niño que tiene un **cerebro** que podría haber estado funcionando como la grabación de audio.

ACTIVIDAD CEREBRAL: Utilizando la emoción generada en la amígdala, la parte del **cerebro** que genera la emoción a partir de la percepción y el pensamiento, los participantes utilizan la tecnología (dispositivos móviles) para recibir la grabación de audio de la radio para llevar a casa y reproducir para su cónyuge.

PERSPECTIVAS: Los padres parecían particularmente motivados por conocer el fenómeno de los cambios en el **cerebro** de sus hijos, que expresaron en varios comentarios. "Para mí, fue la radio la que [demostró cómo] a veces [tratamos de] hacer [demasiadas] cosas durante el día y, a veces, no nos damos cuenta de lo que estamos haciendo", dijo uno de los padres. Otra participante reflexionó sobre esa declaración y expresó su comprensión de "cómo funciona el **cerebro** de mi hijo, cómo se desarrolla ... que su **cerebro** es como una radio que cambia de estación".

ACTIVIDAD 12: CONSTRUYENDO UN PUENTE

ACTIVIDAD: El objetivo de esta actividad táctil es involucrar a los padres en la construcción de un puente en el medio de las mesas con cualquier material creativo disponible en su caja de materiales. El propósito es hacer inferencias entre el pensamiento y el puente hacia el aprendizaje.

Un segundo propósito se construye en el proceso de cuestionar las estrategias y cómo mediar a los niños para que aprendan de las actividades, cómo relacionar lo que aprenden con el pasado y luego cómo transferirlo a su aprendizaje futuro.

Se hace hincapié en unir las ideas del hogar a la escuela y las ideas aprendidas en la escuela con el hogar.

Usando palitos de helado de madera, marcadores de colores, crayones, pegamento, arcilla y otros artículos de manualidades, los participantes trabajan en equipos para construir un puente.

Las decisiones se toman en equipo con respecto a las reglas sobre cómo hacer, armar y presentar su puente a todo el grupo.

ACTIVIDAD CEREBRAL: Esta actividad requiere el uso del lóbulo prefrontal que les ayuda a planificar y organizar la construcción del puente. Las dendritas se disparan y se conectan a los lóbulos parietal y occipital, donde la relación espacial y visual ayuda en la construcción del puente.

La conexión de la tarea se transmite luego al mesencéfalo, donde se desglosa la información auditiva y visual. Los participantes usan el rombo-encéfalo para controlar su función muscular y la coordinación al manipular piezas pequeñas para afectar su visión del puente.

PERSPECTIVAS: Una madre comentó: "Me gusta mucho la construcción del puente. Para mí, el puente, simboliza la construcción que nosotras, como madres, construimos, organizamos y ayudamos a nuestros hijos a alcanzar sus metas".

ACTIVIDAD 13: CUBOS DE HISTORIAS

ACTIVIDAD: Los padres se vuelven expertos en lanzar dados que tienen dibujos en cada faceta. Una vez que se tiran los dados, los padres formulan palabras (sustantivos, palabras de acción, lugares) para acompañar las imágenes y crean un conjunto de oraciones para hacer una historia.

La intención de esta actividad es involucrar a los padres en la simplicidad de la verdadera alfabetización: imágenes a palabras en la alfabetización, tomando una decisión estratégica sobre cómo formar oraciones a partir de palabras, cómo usar la imaginación en el desarrollo de palabras a frases y de frases a oraciones.

ACTIVIDAD CEREBRAL: Los padres usan su lóbulo frontal y conectan las dendritas con el lóbulo occipital, donde se sintetizan sus pensamientos y se realiza el proceso de formar las imágenes de los dados en un patrón de pensamiento.

La interconexión pasa luego al lóbulo temporal, donde tiene lugar la estructura y reestructuración de palabras e información. En este paso, se produce la interconexión de ideas con el área de Broca del **cerebro** a medida que se produce una búsqueda de palabras. Todos los conceptos y palabras se almacenan en esta área.

PERSPECTIVAS: La actividad de los cubos de historias trajo una dinámica creativa e interactiva a los equipos a medida que se generaban las historias. Los padres se vieron afectados notablemente por esta actividad y estrategia. Un participante declaró: "No me di cuenta de que aprender era tan fácil".

ACTIVIDAD 14: ABC DE LA TARJETA THINK-WORD™

ACTIVIDAD: El propósito de esta actividad es ayudar a los participantes a aprender formas nuevas y eficientes de desarrollar la **memoria** y el pensamiento con las 24 palabras principales de la parte de alfabetización del programa de capacitación. Los participantes clasifican y organizan las tarjetas Think-Word™ y luego las colocan en un banco de palabras sobre la mesa.

Cada tarjeta se lee en voz alta y se discute cada definición en cuanto a su significado. Luego, los participantes colocan las 24 palabras en orden alfabético.

ACTIVIDAD CEREBRAL: Esta actividad es de naturaleza táctil, auditiva y visual. Requiere el uso del lóbulo frontal para la planificación y la interconexión con el lóbulo occipital para procesar la información visual.

La conexión también se establece con el lóbulo parietal y su capacidad para sintetizar información con el cuerpo. Este proceso es seguido por la conexión del hipocampo, ya que recopila la información recibida recientemente y convierte la información a corto plazo en información a largo plazo.

PERSPECTIVAS: Esta actividad fue útil para aprender palabras en orden alfabético y para practicar orden alfabético con palabras que comienzan con las mismas letras. Los padres vieron el valor de este juego muy claramente, como lo demuestra el video enviado por un padre participante que muestra cómo su hijo practicaba sus palabras de ortografía usando el mismo formato de juego.

ACTIVIDAD 15: ESTRATEGIA DE PALABRAS Y DICCIONARIO.COM

ACTIVIDAD: Los participantes practican la búsqueda de palabras usando conceptos de contenido en tarjetas temáticas azules que contienen palabras como dinosaurio o animal. Luego, escriben la palabra en el organizador Think-frames y localizan el significado en Google al buscar y usar Dictionary.com.

Los equipos discuten el significado, enumeran cómo era, hacen una imagen de lo que es el concepto de contenido y luego hacen una imagen de lo que no era. El propósito de esta actividad es practicar varios pasos, o **andamios**, del desarrollo de palabras y la construcción de comprensión.

ACTIVIDAD CEREBRAL: El uso del lóbulo frontal para la planificación está relacionado con el lóbulo temporal para almacenar información. En esta actividad, el **cerebro** se interconecta con las áreas del **cerebro** de Broca y Wernicke para la identificación de conceptos y su significado.

PERSPECTIVAS: Los comentarios de los padres enfatizaron el término *organización*. "Si tengo una organización ... mi hijo puede aprender", dijo uno de los padres. "Si utilizo el gráfico de definición y soy paciente y organizado, mi hijo puede aprender", comentó otro.

ACTIVIDAD 16: MAPA DE CARRERAS ESTATALES

ACTIVIDAD: Los padres forman equipos de tres y cuatro. Cada equipo recibe un mapa del estado y puntos de color rojo y verde. El facilitador identifica una ubicación específica en el mapa para comenzar y los participantes colocan un punto verde en esa ubicación para marcar dónde comienza su viaje.

El facilitador nombra otra ubicación en una parte diferente del mapa. Los participantes colocan un punto rojo allí. Luego, se instruye a los equipos para que encuentren tres caminos que los llevarían en un viaje por carretera hasta el final.

El propósito de la actividad es demostrar de una manera muy táctil, visual y cinestésica que el **cerebro** tiene diferentes formas de clasificar, recurrir, organizar y evaluar la información para llegar a conclusiones.

ACTIVIDAD CEREBRAL: La actividad requiere el uso del lóbulo frontal para el pensamiento directo, el andamiaje y la planificación para el futuro (o mirar hacia adelante) y para la resolución de problemas. El lóbulo parietal toma información para sintetizar la información espacialmente al yo físico, la procesa a distancia y se basa en la corteza prefrontal para sacar conclusiones.

PERSPECTIVAS: Uno de los padres trazó la correlación de ver que, aunque hay muchas formas de llegar a una solución, por lo general hay una mejor manera de hacerlo. Ella comentó: "También [descubrimos] los diferentes caminos para resolver un problema, pero debemos enfocarnos en el que es más corto o más directo [para resolver el problema]".

El viaje de aprendizaje comienza con el pensamiento, el andamiaje, la planificación y la resolución de problemas.

ACTIVIDAD 17: "KAHOOT-IT" APLICACIÓN PARA REALIZAR EJERCICIOS Y "MINDMEISTER" APLICACIÓN PARA HACER MAPAS MENTALES

ACTIVIDAD: Los participantes utilizan la tecnología (iPads y teléfonos inteligentes) para responder a cuatro o cinco preguntas de la encuesta publicadas en la pantalla Kahoot-it que ofrece dos respuestas. Las respuestas se envían a través de una conexión con Wi-Fi configurado para los participantes.

ACTIVIDAD CEREBRAL: Los participantes trabajan en equipos, respondiendo a actividades cronometradas de preguntas y respuestas. Aunque los investigadores apoyan la idea de que la multitarea no es plausible para el **cerebro** humano, esta actividad en particular requiere varios pasos de andamiaje de pensamiento, moviendo información de la corteza prefrontal al lóbulo occipital.

En esta actividad, la respuesta no es tan importante como el proceso y procedimiento, que no solo requiere del tálamo, sino también del hipocampo.

PERSPECTIVAS: De los 25 padres que llevaron un dispositivo electrónico a la capacitación, la mayoría eran competentes en su uso y en el procedimiento para usar una aplicación. Los padres demostraron mucho entusiasmo por ser incluidos en una capacitación que utilizó el descubrimiento de información y la retroalimentación.

ACTIVIDAD 18: HAZ UN MENÚ

ACTIVIDAD: Después de una miniconferencia para el **cerebro** sobre salud y nutrición (alimentos para comer, alimentos para evitar) para niños y adultos, los participantes trabajan juntos en equipos para elaborar un menú saludable que ayude al crecimiento y desarrollo del **cerebro**. El propósito de esta actividad es ayudar a los padres a comprender que una de las mejores estrategias que pueden utilizar es la selección de alimentos para su familia.

ACTIVIDAD CEREBRAL: La actividad "Hacer un menú" requiere el uso de la corteza prefrontal para pensar y planificar.

PERSPECTIVAS: Los padres expresaron ideas sobre la comida y la selección de "lo saludable es mejor". Los comentarios incluyeron: "[Aprendí que es importante] comer más sano", "beber más agua que Coca-Cola". "[Aprendí que es importante] comer sano". "[Aprendí que el desarrollo] de las etapas del **cerebro** de los niños es importante".

La autora, fila de atrás, centro rodeada por las mamás, todas con sombreros cerebrales (Actividad 2).

¡Lo hicimos! (Hoja de ruta estatal, actividad 16)

Sección IV
Midiendo la eficacia de su programa de entrenamiento

CAPÍTULO 17
Evaluación

He sido educadora toda mi vida adulta y muchos de los miembros de mi equipo colaborador tienen títulos avanzados en educación. Para triunfar en el campo de mi pasión, he agregado e integrado lo que parece ser el equivalente a otro grado: el de evaluación educativa.

Como maestro, es fácil evaluar a un estudiante individual o relatar una historia de éxito de un padre que participó en un programa de capacitación. Definitivamente es más fácil hablar del nivel granular, pero no es así como nuestros programas son considerados por entidades externas, como juntas escolares y agencias gubernamentales responsables de la financiación del programa.

La evaluación no es solo una buena práctica; es parte de una responsabilidad fiduciaria.

Siempre que el papeleo o la burocracia se convierte en un desafío, me recuerdo a mí misma que la palabra valor está incrustada allí mismo dentro de la evaluación (la raíz latina es *valere*, que significa fuerza, bienestar y valor).

La evaluación es mi boleto para el desfile. Algunos días, es una buena idea preceder el plan de estudios, la **coreografía**, las observaciones y la conversación para dedicar toda mi atención a la evaluación del programa.

La evaluación no siempre es una herramienta flexible. Puedo contar una historia simple en resumen y dejar que las escalas de Lickert hablen con los números. O puedo profundizar en un análisis cuantitativo complejo para ayudar a los administradores a continuar con su apoyo.

La evaluación cuenta la historia más amplia. La evaluación es el libro y mi programa es solo un capítulo. Aquí hay algunas preguntas que debe hacerse mientras piensa en la evaluación:

- ¿Hay continuidad y fluidez en mi programa?
- ¿Mi programa encaja perfectamente en la narrativa del distrito, el estado y el gobierno federal?
- ¿Mi programa se alinea con las necesidades y los estándares?
- ¿Fue efectivo mi programa? ¿Hubo piezas que no fueron efectivas? Si es así, ¿qué puedo hacer para cambiarlos?
- ¿Qué evidencia tengo de que así fue?
- ¿Tenía un punto de referencia inicial para poder ver las áreas dramáticas de mejora y aquellas áreas en las que el progreso
- fue limitado?
- ¿Probé en los intervalos apropiados para saber si el programa está bien encaminado?
- Quizás todos mis padres regresaron para el segundo día, pero ¿están aprendiendo con la misma intensidad que el primer día, cuando todo era novedoso e interesante?

- ¿Tengo un mecanismo en el que mi circuito de retroalimentación pueda ayudar a modificar o ajustar mi programa, incluida la comunicación con mis facilitadores? ¿Son lo suficientemente flexibles para incorporar la retroalimentación, o son como un tren que se dirige por una vía sin ningún cambio de rumbo?

- ¿Mis métodos de evaluación son tan diversos como deben ser? ¿Combino encuestas (cuantitativas) con entrevistas (cualitativas) para mejorar mi comprensión?

UN CONJUNTO DE HABILIDADES PARA EL FUTURO

A medida que avanzamos hacia el futuro y nos paramos frente a los padres para hablar de la imperiosa necesidad de un aprendizaje permanente, los coordinadores y administradores de programas deben dominar las habilidades de evaluación a través del desarrollo profesional.

La evaluación es una habilidad difícil que los educadores y aquellos que sirven a la comunidad escolar deben comprender. La habilidad de comprender los datos puede ayudar a los coordinadores a explicar el crecimiento, el progreso y la eficacia de un programa.

CAPÍTULO 18
Herramientas de retroalimentación de capacitación

La retroalimentación es el desayuno de los campeones.

— Ken Blanchard

INFORMACIONES PREVIAS AL ENTRENAMIENTO

Para mi capacitación con padres en Texas, completé la simple Encuesta de orientación para padres de tres preguntas con un Cuestionario previo a la capacitación más extenso de ocho preguntas (Ver Apéndice), que se les dió a los participantes a la hora del almuerzo el primer día de la capacitación.

Quería que este cuestionario me ayudara a comprender, con más detalle, la demografía y los vecindarios donde vivían los padres. Quería comprender sus antecedentes y su historial educativo. Recibí datos de investigación primarios que respaldaron la eficacia de nuestro programa dentro de la comunidad. Los datos también proporcionaron evidencia sólida de que la capacitación **basada en el cerebro** es valiosa para que los padres se conviertan en partes interesadas y comprometidas en la comunidad escolar.

BUCLE DE RETROALIMENTACIÓN

Las respuestas al cuestionario revelaron que habíamos atraído a un número igual de padres participantes de ambas escuelas. Esto significaba que se habían logrado nuestros objetivos de marketing.

La mayoría de los padres respondieron que se sentían confundidos, les resultaba difícil o no sabían cómo ayudar con la organización familiar y mucho menos con las tareas escolares. Eso nos dio algo para enfatizar en esta y futuras capacitaciones: la tarea.

Un pequeño número de participantes no completó la encuesta. Era posible que no entendieran las preguntas o se mostraran reacios a admitir que no sabían leer.

Esto me recordó que debía estar atenta a cualquier persona que expresara confusión sobre el cumplimiento de una tarea. Tenemos que presentar la información para que la entiendan y les quede clara. Reformular o demostrar usando señas y gestos con las manos a menudo ayuda.

La frase de respuesta "trata de ayudar" aparecía con frecuencia, lo que me decía que los padres querían ayuda desesperadamente. Tenía un grupo motivado; la apatía no sería un problema.

Un número abrumador de padres indicó que no tenían información sobre el **cerebro** de su hijo o cómo funciona en el proceso de aprendizaje. Usé esta información para diseñar mi Brain b.i.t.s.™ como simple y divertido, dependiente de imágenes en lugar de palabras para ayudar al aprendizaje.

Muy pocas de estas respuestas me sorprendieron en base a mi experiencia y conocimiento de esta comunidad y otras a las que había servido. Informado por los datos y la información obtenida directamente de los participantes, estaba listo para compartirlos con mis capacitadores y continuar con la capacitación.

PREGUNTAS DE INICIO DEL DÍA UNO

Comenzamos con solo tres preguntas, en inglés y español, en una sola página para simplificar. Las preguntas se completaron la primera mañana de la capacitación.

1. ¿Cómo fue la escuela para mí?
2. ¿Cómo quiero que sea la escuela para mis hijos?
3. Como padre, ¿qué papel quiero desempeñar en el entorno escolar y el proceso de aprendizaje de mis hijos?

Mis facilitadores compartieron los pensamientos de los padres durante los momentos de actividades y mini conferencias o charlas. No había necesidad de incitar a los padres a que compartieran sus pensamientos; se les animó a hablar libremente y hacer preguntas.

Los participantes expresaron que les gustaba la escuela en diversos grados. Señalaron que, para ellos, la escuela significaba aprender las materias básicas sin todas las pruebas a las que ahora se someten sus hijos en las escuelas estadounidenses. Palabras como *estrés, estresante* y *exámenes* hicieron que algunos padres expresaran la creencia de que las escuelas se estaban volviendo perjudiciales para la salud de sus hijos.

En términos de lo que querían de las escuelas para sus hijos, los participantes mencionaron menos estrés, más lectura y más comprensión sobre el trabajo académico que sus hijos necesitan para completar, especialmente las tareas para el hogar.

Estaba claro que los participantes sentían la obligación de trabajar con sus hijos en casa. Muchos de los participantes expresaron dificultad para saber cómo ayudar a sus hijos con la tarea. "Trato de ayudarlo para que sepa lo que tiene que hacer", dijo un participante.

"Busco a alguien que pueda explicarme la tarea para que yo pueda ayudar", dijo otro. Esto confirmó el problema de la tarea identificado en los cuestionarios originales previos a la formación. Íbamos por buen camino.

RESULTADOS DEL GRUPO DE ENFOQUE

Al finalizar la capacitación del tercer día, los participantes se dividieron en dos grupos focales de forma voluntaria.

Esto me permitió ver cómo se unían, se basaban en el capital social y tenían pensamientos, sentimientos y creencias similares.

Limitamos el grupo de enfoque a seis participantes, lo suficientemente pequeños para compartir pensamientos, pero lo suficientemente grandes como para recopilar una amplia gama de pensamientos diversos.

Las discusiones de los grupos focales generaron ideas, creencias y opiniones que podrían no haber sido reveladas en entrevistas individuales.

Las preguntas se presentaron a los participantes tanto en inglés como en español. Usamos estrategias de cuestionamiento reflexivo que fueron capturadas en video.

Después de la capacitación, traducimos y transcribimos las respuestas grabadas en video con el fin de describir cómo la capacitación ayudó a los participantes individualmente y como grupo.

Preguntas de grupos de enfoque estructurados (inglés)

1. ¿Cuáles son sus pensamientos y opiniones sobre esta capacitación?

2. ¿Cuáles son sus sentimientos acerca de lo que aprendió? ¿Cómo te ayudará?

3. ¿Cuáles son sus pensamientos y predicciones sobre cómo esta capacitación puede ayudarlos a usted, sus hijos y su familia?

4. ¿Cuáles eran sus expectativas para esta capacitación?

5. ¿Cómo espera utilizar estas ideas?

6. ¿En qué se diferencian las ideas que ha estado aprendiendo de su participación en la escuela anteriormente?

7. ¿Cree que su relación con sus hijos crecerá y cambiará? ¿Si es así, cómo?

8. ¿Crees que cambiará tu conexión con la escuela y, de ser así, cómo?

9. ¿Cómo puede tomar lo que ha aprendido y hacer que dure mucho tiempo?

10. ¿Cómo ayudará ahora a sus hijos con la tarea?

Lo que aprendimos de los grupos focales

Durante el grupo de enfoque, los padres discutieron las relaciones cambiantes con sus hijos, su sentimiento de conexión con la escuela, lo que aprendieron, cómo extenderlo a su entorno familiar para apoyar el aprendizaje académico y sus nuevas habilidades para ayudar a sus hijos con la tarea.

Estudié las transcripciones más a fondo e identifiqué cuatro elementos comunes que los padres hispanos sentían que eran barreras para sus conexiones con las escuelas de sus hijos. Ellos eran:

1. Ayuda con la tarea
2. La importancia de las relaciones con sus hijos
3. Su función y relación con la escuela y los profesores
4. La importancia de la construcción de capital social, la responsabilidad y el trabajo en equipo

Ahora tenía documentación rigurosa y de principio a fin directamente de mis padres. Me permitió resumir los beneficios de mi programa a mi coordinador de **participación de padres** y los administradores de la escuela.

También teníamos un punto de referencia para programas futuros.

CAPÍTULO 19
Conclusión

La educación no es una herramienta para el desarrollo: individual, comunitario y nacional. Es la base de nuestro futuro. Es empoderamiento para tomar decisiones y anima a los jóvenes a perseguir sus sueños.

— Nita Ambani, The Reliance Foundation

Gracias por completar el viaje de leer mi libro. *¡Andamio!* se basa en la investigación y la experiencia extraídas de mi disertación de la Universidad Nova Southwestern y los muchos años de construir el modelo de participación que mejoró mis reflexiones sobre las necesidades pragmáticas y específicas de los coordinadores del distrito escolar.

Mi esperanza es que esta copia de *¡Andamio!* permanecerá en un lugar destacado de su escritorio o estantería, y estará marcado, resaltado y marcado en varias páginas. Creo que el Apéndice que sigue a continuación le resultará especialmente útil. Incluso hay una lista de lectura si desea profundizar y expandir sus horizontes.

No estás solo en esto. Cultivar el apoyo de los directores de escuela, enlaces de padres y padres voluntarios le dará una base sólida para comunicarse con los padres. El proceso y la experiencia de planificar e implementar la capacitación para la participación de los padres le brindarán una confianza increíble en el futuro. Tendrá hasta 40 nuevos padres aliados después de un programa exitoso.

Esos padres se convertirán en un depósito para ti en el futuro. Ellos le ayudarán a reclutar a la próxima ronda de padres, y uno o dos podrían tener el interés o el potencial de pasar a un rol de entrenador de capacitación para padres. ¿Quién sabe?

No puedo exagerar el poder de escuchar. Si podemos alentar a los padres a que escuchen a sus hijos sobre su vida diaria y sus estudios, y luego escuchamos a los padres con sus desafíos y avances, veo esto como lo último para lograr el éxito.

El aprendizaje **basado en el cerebro**, en su esencia, apoya el concepto de escuchar y observar con nuestros otros sentidos, y luego hacer mejoras en las vías de aprendizaje de los niños, las escuelas y **comunidades** enteras.

Como padres y estudiantes, como coordinadores y educadores, cada uno de nosotros tiene 100 mil millones de células cerebrales (y un número igual de neuronas) a nuestra disposición esperando para llevarnos allí. Creo con todo mi corazón y con toda mi experiencia e investigación, que este es el camino a seguir.

¡Clase despedida!

SIGUIENTE

Si la plataforma tecnológica para la sociedad ahora puede dar la vuelta en cinco o siete años, pero lleva de diez a quince años adaptarse a ella ... todos nos sentiremos fuera de control, porque no podemos adaptarnos al mundo tan rápido como es. Para cuando nos acostumbremos al cambio, ese ya ni siquiera será el cambio predominante; estaremos en un nuevo cambio.

— Thomas Friedman

Justo después de la primera publicación y lanzamiento de ¡Andamio! sucedieron, miríadas de cambios específicamente debido a la pandemia de COVID-19 en nuestras escuelas, enviándonos al interior durante meses. La decisión de trasladar el aprendizaje presencial K-12 al aprendizaje en línea y a distancia surgió en un plazo de 24 horas, y los educadores se apresuraron a realizar la transición al aprendizaje a distancia y la enseñanza en línea en unos pocos días. El gran latigazo de este rápido cambio al aprendizaje en el hogar trajo consigo un nuevo conjunto de problemas no deseados para las **comunidades** de maestros y padres, incluido un nuevo conjunto de **barreras** entre la escuela y el hogar.

Las barreras incluyen cualquier número de problemas sociales, comunitarios, de salud pública, familiares y escolares, e incluye la comunicación entre maestros y padres, y programas de participación y capacitación con propósito para las **comunidades** de padres.

La forma en que las escuelas estadounidenses se adaptaron al cambio masivo para todas las partes interesadas se convirtió en uno de los temas más examinados en la política pública. Por lo tanto, este Epílogo ofrece una breve sinopsis de algunos, pero probablemente no todos, de los efectos de las nuevas barreras exacerbadas por los cierres escolares.

Según *Common Sense Media*, en 2020, aproximadamente de 15 a 16 millones de estudiantes de K-12 vivían en hogares sin conexión a Internet. Fue la falta de conectividad con la escuela y el aula lo que sacó a la luz los nuevos problemas. Las continuas preguntas de los padres que buscan conectarse con las plataformas de aprendizaje surgieron como una barrera principal.

Barreras destacadas por la pandemia COVID-19

Las barreras son obstáculos para la construcción de capital social en las comunidades escolares con el propósito de aumentar las colaboraciones y asociaciones en el crecimiento académico de los niños de ELL. Pre-pandemia, las barreras, percibidas o reales, se aplicaron de manera desigual a los padres hispanos y su papel en el impacto social y el contrato social con la educación de sus hijos. Después del estallido de la pandemia, la cuestión de cómo continuar educando a los niños estadounidenses se tradujo en cómo el **cerebro** de los niños se adaptaría al cambio en el aprendizaje completamente en línea y cómo continuar participando tanto con los estudiantes como con los padres en ese nuevo proceso.

El desafío vital para los padres de hoy es poseer un dispositivo que pueda manejar programas de software actualizados y saber cómo usar tanto el software como el dispositivo. En ausencia de estos dos factores, estos son los hogares que tendrán niños con mayor pérdida de aprendizaje.

¿Cómo implementarán los distritos escolares y los estados estrategias nuevas e innovadoras para ayudar a estos padres a adaptarse al crecimiento y ritmo del cambio? Como señaló David Eagleman, ¿cuál será el resultado de la plasticidad del **cerebro** cuando los niños aprendan completamente en línea? ¿Cómo se adaptarán a los cambios, como señaló Freidman, sin el sistema socioemocional de piezas cognitivas conectadas y el trabajo del sistema límbico que involucra tanto a los estudiantes como a los padres? Eagleman señaló que para estar "comprometido, curioso e interesado" en qué y cómo aprenden los niños y los padres es hacer que sus **cerebro**s se involucren más activamente.

Los **cerebro**s de los niños se han adaptado fácilmente a la nueva forma de aprender, mucho más rápido que sus padres. Los padres deben aprender a confiar en la capacidad de sus hijos para realizar las tareas de aprendizaje que se les presentan en el aprendizaje a distancia, que requiere una formación temprana en línea para los padres. Siguiendo el mismo **modelo** que la capacitación para padres cara a cara descrita en este libro, aquí hay algunas sugerencias útiles a seguir para la capacitación en línea para padres.

1. Encuestar a los padres. Descubra lo que puede aprovechar de la vida familiar de los estudiantes para impulsar el aprendizaje.

2. Construir y cultivar **comunidades** de aprendizaje para padres a través del marketing sistemático con el propósito de construir una comunidad en línea.

3. Capacitar a los padres al comienzo del año escolar. Dar incentivos a los padres para que se involucren.

4. Realizar sesiones continuas de capacitación para padres y ofrezca algún tipo de recompensa.

5. Brindar a los padres un sentido de control al proporcionar pautas.

6. Utilizar estrategias y actividades de aprendizaje digital para aumentar el compromiso y la participación.

7. Capacitar a los padres en las rutinas fundamentales del hogar y en el aprendizaje de sus hijos.

La pandemia convirtió varios problemas clave en barreras más serias. Incluyen los siguientes: el aumento de la barrera de la inseguridad alimentaria para los niños que aprenden en el hogar debido a la dependencia de las comidas en la escuela; la falta de compartimiento comunitario y refugio que normalmente brindan las escuelas; un aumento de niños y familias sin hogar; la falta de supervisión en el hogar mientras uno o ambos padres están trabajando; padres que no pueden o no quieren "firmar" las lecciones diarias de los maestros. Considere no tener acceso a electricidad o conexión a Internet.

Los padres y administradores, así como los maestros, ahora se preguntan cómo el antiguo sistema de aprendizaje presencial se fusionará con el nuevo sistema de aprendizaje a distancia. ¿Quién podrá liderar el camino hacia un sentido de enseñanza y aprendizaje más innovador y convincente?

David Eagleman y Justin Reich, dos líderes de pensamiento perspicaces en este tema del cambio, conectan la capacidad del **cerebro** para crecer con el aprendizaje en un mundo de tecnología. Eagleman nos recordó a través de su exploración del **cerebro** y la capacidad de crecer que todos los niños que viven ahora tienen un cerebro que se desarrolló como parte de la *generación swipe*.

El rápido pero necesario proceso de transición del aprendizaje presencial a la enseñanza en línea en las aulas K-12 en todo el país afectó no solo a millones de estudiantes K-12, sino a uno o más de sus padres. En todo el país, los padres de repente tuvieron que satisfacer las necesidades educativas de sus hijos ayudándolos con el aprendizaje en línea. Las estrategias de enseñanza que incluían procesos de aprendizaje cinestésico y táctil, agrupamiento, aprendizaje socioemocional y movimiento se convirtieron en herramientas limitadas para los docentes. Por muy competentes que fueran, los profesores no sabían cómo continuar los procesos de aprendizaje de los niños que se dan a través de la interactividad presencial, como desarrollar habilidades socioemocionales, jugar con compañeros, desarrollar relaciones con compañeros, aprender juegos o bloques, etc. Como señaló Reich, muchos maestros, independientemente de sus mejores esfuerzos para hacer la transición al aprendizaje en línea, se dieron cuenta demasiado rápido de que había mayores desafíos que el papel que la tecnología desempeñaba anteriormente en un aula.

APÉNDICE
Términos clave

Logro académico o éxito académico para estudiantes de 'ELL': Los niños que aprendan Ingles

Según una revisión del Programa Educativo de Instrucción de Idiomas de Faulkner-Bond et al. (2012), la Ley de Primaria y Secundaria (ESEA) de 1965, reautorizada como NCLB (2001), establece que el primer propósito del Título III es garantizar que los niños con un dominio limitado del inglés, incluidos los niños y jóvenes inmigrantes, logren el dominio del inglés, se desarrollen altos niveles de logro académico en inglés, y cumplan con el mismo contenido académico estatal desafiante y los mismos estándares de rendimiento académico de los estudiantes que se espera que cumplan todos los niños.

Barreras

Las barreras son obstáculos para la construcción de capital social en las **comunidades** escolares con el propósito de aumentar las oportunidades y éxito académico para los niños de ELL. Las barreras, percibidas o reales, se aplican a los padres hispanos y su falta de participación y / o compromiso y su impacto social en la educación de sus hijos.

Las barreras incluyen cualquier número de problemas sociales, comunitarios, familiares y personales, y la falta de educación, lenguaje, comunicación entre maestros y padres, y programas de participación y capacitación con propósito.

Programa de participación de los padres basado en el cerebro

Este término significa un programa de entrenamiento **basado en el cerebro** para padres sobre cómo entrenar a sus hijos a pensar, leer, escribir y aprender. Este programa desarrolla las habilidades de entrenamiento de los padres para ayudar a sus hijos a convertirse en mejores pensadores críticos y ayudar a los padres a aprovechar sus esfuerzos con tareas, proyectos, estrategias de cuestionamiento y estrategias que unen el aprendizaje escolar con el aprendizaje en el hogar.

Entrenamiento basado en el cerebro

Un formato estructurado, práctico, constructivista y totalmente **comprometido**, basado en la experiencia en el que los padres de los estudiantes ELL aprenden los principios del pensamiento y el aprendizaje. El aprendizaje **basado en el cerebro** es una forma intencional de enseñanza y aprendizaje que utiliza las partes críticas del **cerebro** más operativas para la mayor cantidad de factores de atención, comprensión, significado y **memoria**.

Coreografía

Término basado en dos palabras de raíz griega que significan "escribir la danza". Adapté mi programa para padres en un documento de **Coreografía** de actividades altamente detallado que compartí con mis entrenadores y padres participantes en un libro de trabajo como una forma de comunicar el horario y una multitud de detalles involucrados en una capacitación para padres de cuatro días.

Colaboración

Una relación construida entre dos o más entidades con metas, misiones, objetivos y actividades que crean un marco para el éxito potencial de pensamiento y aprendizaje.

Constructivismo

Este término se refiere a cómo los alumnos construyen o adquieren nuevos conocimientos de forma activa en función de su conocimiento y comprensión de experiencias anteriores. Se basa en una teoría de construcción e interiorización de nuevos conocimientos (Olivares, 2002). En este libro, el constructivismo significa el andamiaje o la construcción de experiencias y conocimientos previos para crear nuevos conceptos e ideas.

Compromiso

Para el propósito de mi investigación, el compromiso es "El acto o estado de estar involucrado con algo" (Diccionario Merriam-Webster, 2014). Según David Eagleman, el nivel más alto de participación se produce cuando el alumno está "comprometido, es curioso e interesado". Estos tres requisitos previos estimulan y motivan a partes específicas del **cerebro** a **comprometido**.

Los estudiantes del idioma inglés (ELLs)

Este término se aplica a los niños nacidos en los Estados Unidos de inmigrantes de primera generación, o niños nacidos en otros países que han inmigrado a los Estados Unidos y carecen de las habilidades del idioma inglés para

operar funcionalmente en los académicos de las escuelas
estadounidenses.

Capital

En un contexto educativo, la equidad es una medida de
logro, justicia y oportunidad. La equidad depende de dos
factores: equidad e inclusión. La equidad está presente
cuando los factores específicos de las condiciones personales
de un estudiante no interfieren con el potencial de éxito
académico. La inclusión se refiere a un estándar integral que
se aplica a todos en un sistema educativo.

Experiencia de aprendizaje mediada (MLE)

La experiencia de aprendizaje mediado es el procesamiento
intencional de procedimientos, información y la salida del
pensamiento que deben procesarse para funcionar en el
mundo. Con el apoyo de Vygotsky (1978) y desarrollado por
Feuerstein, et al. (2010), la mediación enfatiza la
comprensión comunitaria del conocimiento, el intercambio
colaborativo de experiencias y la clasificación o
categorización de ideas. El mediador ayuda al alumno a
enmarcar, filtrar y programar los estímulos y, en última
instancia, influye en las posibles formas en que se produce la
transferencia de conocimientos en el pensamiento del
alumno. La mediación asume que la instrucción está más
relacionada con ir más allá de la información dada
conectando el presente con el pasado y la anticipación del
futuro que con el dominio de bits específicos de datos aquí y
ahora.

Compromiso de los padres

La **participación de los padres** es una participación activa de
tres pasos de los padres en ELL, en un programa
estructurado o capacitación que busca conectar y unir las

estrategias para aprender de la escuela al hogar de una manera sostenible. A través de la participación activa, los padres se capacitan y asisten con continuidad, aprenden y practican el conocimiento y se vuelven competentes en las habilidades de proceso de pensamiento, lectura y escritura, y finalmente se convierten en entrenadores en las aulas de sus hijos y en el hogar. Se instruye a los padres para que utilicen herramientas que ayuden a los niños a desarrollar la memoria y a comprender las relaciones entre aprender una tarea, pensar y crear un resultado, y construir tareas unas sobre otras, o andamiaje (Cook-Cottone, 2004; Feuerstein et al., 2010).

Participación de los padres

La participación de los padres es la participación que los padres o tutores legales de los ELL demuestran al buscar una conexión con un papel fundamental en la escuela de su hijo y cómo funciona, qué necesidades se abordan y se proporcionan, qué funciones están disponibles, los maestros con quienes se comunicarán y los sistemas de apoyo en los que trabajarán los padres.

Propósito

Hurst (2014) comparó el proceso y el propósito cuando se trata del desarrollo de una red interconectada de relaciones. Hurst señaló: "El número mágico era tres: las personas adquieren un propósito cuando crecen personalmente, cuando establecen relaciones significativas y cuando están al servicio de algo más grande que ellos mismos" (p. 4). Entonces, el propósito, en lo que se refiere a este libro, está conectado con el papel de los padres y sus hijos, la escuela y sus hijos, y la comunidad.

Construcción de capital social

En mi investigación y capacitaciones, la construcción de capital social se aplica a las partes interesadas en una comunidad escolar. Citando a Bordieu (1977, 1986), Coleman (1988) y Fitts y McClure (2015) definieron el capital social como "... el conocimiento, los recursos u otros beneficios a los que un individuo puede acceder a través de sus relaciones sociales y como resultado de las interacciones sociales con otros" (p. 295).

Recursos del coordinador:
Encuestas de muestra

Utilice las preguntas que siguen en las próximas tres páginas como base para crear formularios que se utilizarán antes, durante y después de la capacitación para la **participación de los padres**.

Se espera que pueda adaptar estas preguntas a su propio formulario personalizado en papel con membrete de la escuela o del distrito y traducirlas a los idiomas apropiados para su comunidad escolar.

Se proporcionan tres plantillas:

- Cuestionario previo a la formación
- Evaluación posterior al entrenamiento
- Preguntas de grupos focales estructurados

CUESTIONARIO PREVIO AL ENTRENAMIENTO

1. ¿A qué escuela asiste su hijo?

2. ¿En qué grados están sus hijos (marque todas las respuestas apropiadas)

___ Jardín de infancia

___ Primero

___ Segundo

___ Tercero

___ Cuatro

3. ¿Cómo se siente al trabajar en la tarea con sus hijos?

___ Confundido

___ Es difícil

___ No sé cómo ayudar

___ OK

4. ¿Ha participado alguna vez en una capacitación para padres en la que aprendió cómo trabajar específicamente con los niños para ayudarlos en la escuela? Si es así, ¿qué tipo de formación? Si no, ¿por qué no?

5. ¿Qué hace en casa para ayudar a su hijo con su tarea?

6. ¿Conoce alguna información sobre el **cerebro** de su hijo y cómo funciona en el proceso de aprendizaje?

EVALUACIÓN DESPUÉS DEL ENTRENAMIENTO

1. Enumere algunas de las cosas que aprendió y / o le gustó de la capacitación.

2. Haga una lista de los cambios que haya realizado en su casa para ayudar a sus hijos con las tareas escolares.

3. Enumere algunas formas en que esta capacitación le ayudará a usted ya su familia.

Responda Sí o No a las siguientes preguntas:

4. El horario de las tareas ha cambiado en mi casa debido a la participación en este programa. (__Sí __No)

5. Me siento más equipado para ayudar a mi (s) hijo (s) con la tarea y los proyectos. (__Sí __No)

6. Me siento más conectado con la escuela. (__Sí __No)

7. Me siento más seguro para comunicarme con el maestro de mi (s) hijo (s) si tengo preguntas o inquietudes. (__Sí __No)

PREGUNTAS DEL GRUPO DE ENFOQUE ESTRUCTURADO

1. ¿Cuáles son sus opiniones sobre esta formación?

2. ¿Cuáles son tus sentimientos?

3. ¿Cuáles son sus pensamientos y predicciones sobre cómo esta capacitación puede ayudarlos a usted ya sus hijos?

4. ¿Cuáles eran sus expectativas para esta capacitación?

5. ¿Cómo espera utilizar estas ideas?

6. ¿En qué se diferencian las ideas que ha estado aprendiendo de su participación en la escuela anteriormente?

7. ¿Cree que su relación con sus hijos crecerá y cambiará?

8. ¿Cómo cree que cambiará su conexión con la escuela?

9. ¿Cómo puede tomar lo que ha aprendido y hacer dura mucho tiempo?

10. ¿Cómo ayudará ahora a sus hijos con la tarea?

Programa de muestra RFP:
Distrito Escolar del Noreste de EE. UU.

Financiadores del distrito y coordinadores de Título I:

A menudo es un desafío imaginar el próximo paso en la construcción de un programa de Título I. Las siguientes páginas describen una propuesta de subsidio de muestra de un programa en el noreste de EE. UU. Que podría servirle de **modelo**.

DECLARACIÓN DE FILOSOFÍA
Y ENFOQUE EMPRESARIAL

VISIÓN: Nos aseguraremos de que todos los niños sean pensadores, lectores y escritores críticos y creativos.

MISIÓN: Nuestra misión es promover y crear mejoras escolares y logros académicos a través de la capacitación de desarrollo profesional para maestros que conduzca a la participación familiar con los padres y los niños para las mejores prácticas de pensamiento y aprendizaje. Utilizaremos asociaciones innovadoras con escuelas de bajo rendimiento, las **comunidades** en las que existen y las familias de esos estudiantes para desarrollar estudiantes que sean pensadores, lectores y escritores críticos y creativos.

FILOSOFÍA: Creemos que todos los niños pueden pensar de forma crítica y creativa en cualquier idioma. Según los demógrafos, la población hispana crecerá a más de 41 millones en los Estados Unidos para el 2012.

Nuestros programas bilingües ayudarán a servir a estas comunidades de niños y sus familias.

Creemos que todos los niños, incluidos los estudiantes de ELL y las poblaciones en riesgo, están creciendo en una era de la información sin precedentes que les obliga a volverse más autodirigidos y mejores pensadores en el futuro. Los faxes, Wii, X-Boxes, computadoras, blogs, Facebook, Twitter, redes sociales y televisión por cable sofisticada brindan nueva información más rápido de lo que se puede procesar.

No es tanto que los niños necesiten absorber más información; más bien, necesitan poder clasificarlo, procesarlo y comprenderlo mejor haciendo uso de la capacidad del cerebro para conectar elementos dispares.

Creemos que el cerebro está diseñado para pensar, aprender y digerir información. Nuestro trabajo no es solo alimentar la mente, sino también ayudarla a digerir y pensar de manera más eficiente.

Necesitamos aprovechar las características naturales de cómo el cerebro clasifica, organiza, analiza y evalúa la información en cualquier idioma. Todos nuestros programas y servicios se basan en esta filosofía.

RAZÓN FUNDAMENTAL: Con la cara en constante cambio de la educación: nuevos mandatos federales, libros de texto y tecnología, flujos de financiamiento cambiantes, requisitos de elegibilidad, demografía de los estudiantes y administraciones fluidas, el **modelo** de reforma Think and Learn fue diseñado y replicado originalmente para facilitar la autorrenovación y la gestión de cambios positivos para todas las partes interesadas.

Las estrategias de pensamiento y aprendizaje y las mejores prácticas utilizadas en el modelo se centran en cómo aprender, no en qué aprender. Este enfoque se convierte en un programa **modelo** altamente eficaz y orientado a resultados con todos los estudiantes y, más específicamente, con los estudiantes del idioma inglés y sus familias.

Todos los programas para padres, maestros y niños han sido probados en escuelas de bajo rendimiento con estudiantes de minorías lingüísticas / hispanos y afroamericanos con resultados sobresalientes. El **modelo** de proceso sistémico de pensamiento y aprendizaje, cuando se implementa junto con entornos de aprendizaje y manejo del comportamiento positivo, facilita la conexión entre las infraestructuras escolares, la participación familiar y la participación comunitaria.

Este puente da como resultado una productividad más enfocada para todos y cada uno de los niños y sus familias, y reduce las barreras para el éxito académico.

A través de nuestros programas específicos para niños, capacitación para padres y desarrollo profesional diseñado para maestros, Let's Think-kids Foundation, Inc., ha desarrollado un verdadero **modelo** de reforma que, en última instancia, conduce al éxito de los estudiantes.

En respuesta a esta RFP, nos dirigimos a la parte del diagrama de padres / cuidadores en la página anterior. Los padres proporcionan la base para los niños de hoy y los trabajadores del mañana.

Con una economía fluctuante, horarios agitados y tiempo limitado, los padres ocupados de hoy necesitan más ayuda y más herramientas para mantenerse conectados con sus hijos y su aprendizaje en la escuela. Los padres necesitan formas más tangibles de ayudar a sus hijos a pensar y aprender de manera más eficiente que nunca.

Necesitan información sobre el **cerebro** de sus hijos y cómo funcionan. Necesitan saber cómo la nutrición afecta el pensamiento y el aprendizaje de sus hijos. Necesitan ayuda con estrategias para la tarea y cómo preparar a sus hijos para el futuro.

Let's Think-kids Foundation, Inc. ofrece programas para padres que reflejan la capacitación de desarrollo del personal y los métodos de enseñanza actuales que brindan consistencia a los estudiantes. Los métodos del programa desarrollan y mejoran las propias estrategias y habilidades de entrenamiento de los padres para ayudar a sus hijos a convertirse en mejores pensadores.

Una vez que los padres aprenden a entrenar a sus hijos para que aprendan a pensar, las posibilidades son infinitas. Con ese objetivo, ofrecemos dos programas: Think-Parents are might™ y el ayudante de tareas de Let's Think-Kids mathpac™. Estos poderosos programas de capacitación ayudan a los padres a aprovechar sus esfuerzos con tareas, preguntas, alfabetización y lectura, y enseñan estrategias que unen la escuela al hogar.

Nuestra formación única en su tipo es una introducción perfecta para los padres en:

- Cómo funciona el **cerebro** de su hijo en cada etapa del desarrollo;
- Qué alimentos son más importantes para pensar y aprender;

- Cómo concentrarse y **mediar** en el proceso de pensamiento de su hijo;

- Cómo utilizar estrategias que ayuden a su hijo a clasificar, reordenar, organizar, analizar y evaluar la información;

- Estrategias prácticas de entrenamiento para guiar a los niños a través de la planificación y finalización de proyectos;

- Consejos prácticos de entrenamiento en alfabetización y pensamiento matemático;

- Consejos sobre cómo ayudar eficazmente con las tareas escolares.

OBJETIVO: A través de nuestro programa Think-Parents are Power™, trabajaremos en asociación con el distrito para proporcionar a los padres de los estudiantes capacitación, herramientas y estrategias para ayudar a sus hijos a convertirse en mejores pensadores, aprendices y solucionadores de problemas creativos, así como miembros contribuyentes. de la comunidad.

ACERCARSE: Let's Think-Kids Foundation, Inc. implementará su enfoque probado para lograr el objetivo.

Nuestro enfoque:

A. Centrarse en los padres

El proceso sistemático de la Fundación ayuda a los padres a aprender cómo establecer metas para mejorar la alfabetización, brindar un mejor apoyo a sus hijos y luego medir el progreso a lo largo del tiempo. Este ciclo de aprendizaje activo ha logrado los siguientes resultados:

Niveles aumentados mensurables de conocimientos y habilidades sobre el desarrollo del aprendizaje de la lectoescritura de su hijo y una mayor aplicación de estrategias prácticas basadas en la investigación.

B. Mejorar las habilidades de pensamiento crítico de los estudiantes

El proceso integral de la Fundación ayuda a los estudiantes a desarrollar mejores estrategias de pensamiento y aprendizaje al integrar el apoyo del sistema escolar y las comunidades de padres. Este enfoque integrado ha logrado los siguientes resultados:

1. Aumento del nivel de comprensión en lectura en un 20%; y

2. Mayor capacidad para planificar, pensar, investigar y redactar proyectos.

C. Complementar las iniciativas existentes

Las estrategias, habilidades y programas de la Fundación funcionan sinérgicamente con los programas actuales y futuros. Los vínculos creados entre padres, estudiantes y educadores preparan al estudiante para una participación más creativa, sólida y **comprometida** en otras iniciativas educativas.

D. Centrarse en las necesidades únicas de la comunidad

El primer paso en el proceso de la Fundación es evaluar las necesidades específicas de la comunidad local y configurar sus programas exitosos de una manera que funcione mejor con la población estudiantil local, así como con los maestros, el personal de apoyo, los administradores y los recursos locales.

RESUMEN DE EXPERIENCIAS PERTINENTES

Let's Think-Kids Foundation, Inc. (LTKF) es la solución del siglo XXI para una reforma escolar real. Originalmente fue diseñado como un **modelo** de reforma escolar para programas bilingües y en riesgo bajo la entidad de The National Children's Educational Reform Foundation, Inc. (NCERF).

LTKF es una reforma de NCERF y posee los derechos de propiedad de todos los programas investigados y altamente exitosos, incluidos Thinkparents Entrepreneurs™, Thinkparents homeworkhelper™, Thinkparents are powerful™, Thinkcoach Leaders Academy™, Thinkcampreneur (un campamento de emprendedores para niños)™, Let'sThinkwrite™ y ThinkidsToWork™.

Let's Think-Kids Foundation, Inc. se incorporó en 2010. Su filosofía, programas, productos y servicios están firmemente arraigados en el trabajo de investigación original, altamente desarrollado y bien investigado de la Dra. Susan F. Tierno con NCERF.

La Dra. Tierno comenzó este viaje en 1989 como Creative Thinkers, Inc., una S-Corporation en Connecticut. Como presidenta y mente creativa, comenzó con Seminars for Kids, un programa de tutoría de verano. Luego pasó a desarrollar capacitación corporativa, consultoría corporativa y consultoría escolar en ubicaciones que incluyen Tucson Unified, Providence, RI, escuelas públicas, Hartford, CT, escuelas públicas y Stamford, CT, escuelas públicas.

Con la ayuda de un redactor de subsidios en la primavera de 1995, la Dra. Tierno se unió a las escuelas públicas de Hartford y su departamento bilingüe para crear un subsidio de asociación de $ 3 millones con fondos federales.

En agosto de 1995, se otorgó el subsidio y la Dra. Tierno fundó una corporación de 501c3 ubicada en Connecticut. Para financiar los programas, productos y servicios de los contratos escolares, se diseñó una licencia entre Creative Thinkers, Inc. y la Fundación.

El **modelo** innovador de programas cognitivos para maestros, niños y padres fue financiado bajo contratos federales, ganando más de $3.2 millones durante un período de 10 años.

Este proceso se implementó otorgando licencias libres de regalías a la Fundación a cambio del puesto de director y CEO de NCERF. Creative Thinkers siguió siendo su socio en la tenencia de los registros de marcas para el desarrollo empresarial y comercial, y otorgó licencias de la imagen comercial y los registros de productos y programas registrados con marcas comerciales a la Fundación para contratos escolares.

La misión o negocio principal del 501c3 fue el diseño e implementación de asociaciones escolares innovadoras en colaboración con la educación bilingüe en tres centros urbanos de los Estados Unidos. Este esfuerzo utilizó un **modelo** de gestión empresarial altamente impulsado para una reforma escolar integral.

El **modelo** se basó en un proceso sistemático de capacitación para el desarrollo profesional utilizando programas integrados patentados con un enfoque basado en la investigación y orientado a resultados. Se incorporaron estrategias de aprendizaje y pensamiento de procesos probados para maestros, padres y sus hijos.

Los programas se probaron e investigaron específicamente en los sistemas de escuelas públicas de Hartford, CT; Dallas, Texas; y Washington, D.C.

El sistema de Instrucción Intencional diseñado por la Dra. Tierno demostró un aumento en los puntajes de rendimiento de los estudiantes, más específicamente en el área de comprensión de lectura, a través de 10 años de implementación y aplicación de procesos de pensamiento a través de un **modelo** sistemático de cinco pasos.

Los pasos **modelo** incluyeron habilidades de pensamiento, construcción de criterios, toma de decisiones y resolución de problemas de alfabetización y matemáticas para todas las edades, niveles de grado y todas las disciplinas académicas.

Según los maestros y los padres de los niños en sus aulas que han participado en Think & Learn Partnerships, el programa transformó a los estudiantes en riesgo en pensadores y aprendices activos y efectivos. Los resultados positivos y productivos del proyecto en el aula del programa Think & Learn / Think-kids™ incluyeron:

- Los estudiantes eran pensadores y aprendices más comprometidos, autodirigidos e independientes;
- Los estudiantes tenían curiosidad y ganas de realizar investigaciones por su cuenta sobre temas a través de la investigación;
- Los estudiantes de kindergarten estaban motivados y aprendieron a usar el tiempo en una tarea;
- Los estudiantes tenían más control sobre su proceso de pensamiento y aprendizaje, estaban empoderados con procesos intencionales de vinculación y cuestionamiento;
- Los estudiantes crearon equipos cohesionados y un sentido de comunidad en el aula;
- Se perdió menos tiempo en problemas de conducta. Los profesores disponían de más tiempo para el coaching de pensamiento individual y en equipo;
- Los estudiantes se sintieron confiados con el proceso de planificación y organización del plan de estudios;
- Los maestros se sintieron entusiasmados con los resultados de la enseñanza y el impacto que estaban teniendo en los estudiantes;

- Los maestros vieron mejoras en lectoescritura y aritmética, así como resolución de problemas en matemáticas. Las puntuaciones demostraron hasta un 25% más en las pruebas estandarizadas;

- Los niños demostraron una forma de pensar más dirigida a proyectos y, a su vez, mejoraron su lectura para obtener información y sus habilidades de escritura en un aumento del 18 al 20% en la comprensión.

En 2005, la Dra. Tierno comenzó a preparar sus programas para la implementación nacional en respuesta a Que Ningún Niño Se Quede Atrás y sus esfuerzos fallidos para mejorar el rendimiento académico de los estudiantes del idioma inglés.

Se mudó a Maryland para aprovechar las oportunidades en Washington, D.C., donde participó en importantes diálogos y asociaciones con destacados educadores y legisladores para determinar cómo sus programas se adaptarían mejor a las cambiantes necesidades educativas de la nación.

Durante los últimos años, la Dra. Tierno ha trabajado diligentemente para investigar, ajustar, mejorar y expandir su plan de estudios de mejores prácticas con el beneficio de los comentarios de estudiantes graduados, nuevos maestros y profesionales. Ella está lista para continuar el importante trabajo de ayudar a preparar a nuestros estudiantes y sus familias para el futuro.

ALCANCE DE LOS SERVICIOS

Let's Think-kids Foundation, Inc. es una organización sin fines de lucro de educación nacional enfocada en servir a los estudiantes del idioma inglés y a los jóvenes de minorías en riesgo y sus familias. A través de asociaciones con escuelas y distritos escolares, nuestro objetivo es mejorar el rendimiento académico que comienza con el desarrollo profesional y la capacitación de los padres, y se extenderá para ayudar a los estudiantes a desarrollar habilidades de pensamiento crítico, convertirse en pensadores creativos y sobresalir como lectores y escritores.

La misión no se puede lograr de forma aislada. Sin el compromiso de las familias y los padres / cuidadores, es difícil mantener un entorno de apoyo que mejore los sentimientos de confianza y autoestima de sus hijos.

Durante los últimos 20 años, nuestras soluciones se han centrado en programas estructurados con las mejores prácticas destinadas a ayudar a los padres y sus hijos a aprovechar y maximizar su aprendizaje juntos para alcanzar el nivel necesario para funcionar de manera eficiente y eficaz en una economía de mercado global.

El alcance de los servicios implica:

- Desarrollo de partes interesadas (padres facilitadores, voluntarios de la comunidad, maestros, administradores y padres de niños en las escuelas)
- Capacitación de capacitadores (padres facilitadores, administradores y maestros)
- Programa de capacitación (facilitadores de padres, administradores, maestros y padres de niños en las escuelas)
- Evaluación (sobre la asociación del proyecto)
- Think-parents are powerful™: un poderoso entrenamiento para padres sobre cómo pensar, leer y aprender, este programa desarrolla las habilidades de entrenamiento de los padres para ayudar a sus hijos a convertirse en mejores pensadores. Los padres aprenden a proporcionar un entorno hogareño alentador y de apoyo que facilite la continuidad en el proceso de aprendizaje de sus hijos. Este programa ayuda a los padres a aprovechar sus esfuerzos con

tareas, proyectos, estrategias de cuestionamiento y formas que unen la escuela al hogar.

Los padres involucrados en esta capacitación aprenderán:

- Cómo funciona el **cerebro** de sus hijos en cada etapa del desarrollo;

- Cómo enfocar los procesos de pensamiento de sus hijos;

- Cómo utilizar Think-frames ™ para ayudar a sus hijos a clasificar y organizar la información;

- Estrategias prácticas de entrenamiento y consejos para mediar el pensamiento con sus hijos;

- Consejos prácticos de entrenamiento para pensar y leer con sus hijos;

- Consejos prácticos en las conexiones entre la escuela y el hogar.

Junto con el distrito, un número específico de padres participará activamente en una serie (por determinar) de sesiones de capacitación que cumplirán específicamente con los siguientes tres objetivos, así como con cualquier otro objetivo que las partes interesadas de las escuelas públicas de Waterbury crean que mejoraría a los padres; participación y rendimiento académico de los estudiantes.

OBJETIVO UNO: Reclutar e involucrar a los ELL y a los padres / cuidadores de minorías en riesgo a través de capacitación y actividades que reenfocan y fortalecen su función en lo que se refiere al diseño de instrucción, los procesos de enseñanza y aprendizaje y las operaciones en el sitio para lograr un apoyo positivo y medible y mejora en el dominio del idioma, el rendimiento académico y la preparación de la fuerza laboral entre sus hijos en los grados de prekínder a 12.

OBJETIVO DOS: Rediseñar y reformular el proceso de enseñanza / aprendizaje dentro de las aulas bilingües y de minorías en riesgo mediante la implementación de capacitación en liderazgo y desarrollo del personal profesional, y la facilitación de la colaboración entre padres y maestros para lograr una mejora medible en las habilidades lingüísticas, el rendimiento académico y la fuerza laboral. Preparación entre estudiantes de ELL y estudiantes de minorías en riesgo en los grados prekínder hasta el 12.

OBJETIVO TRES: Capacitar a los padres / cuidadores del estudiante de ELL y la población en riesgo para que se conviertan en entrenadores de pensamiento y defensores de sus hijos, mejorando así las habilidades de pensamiento y aprendizaje que complementan y mejoran los programas existentes que los preparan para: a) volverse más críticos pensadores, planificadores, evaluadores y comunicadores; b) generar un mejor desempeño académico medido por exámenes estándar en todo el estado; y c) convertirse en aprendices basados en recursos para satisfacer las necesidades de la fuerza laboral del siglo XXI.

RECLUTAMIENTO DE PARTICIPANTES DE PADRES / CUIDADORES

En colaboración con los padres facilitadores, LTKF trabajará con el personal escolar individual y los miembros de la comunidad para reclutar a los padres / cuidadores para que participen en nuestra capacitación.

Durante nuestra ronda inicial de reuniones de partes interesadas con las escuelas públicas, desarrollaremos una campaña de marketing y promoción específicamente para este propósito.

LTKF posee un programa altamente especializado para el marketing y la construcción de partes interesadas, que está diseñado para trabajar en conjunto con un director asignado y un facilitador para el proyecto de las escuelas de Waterbury. Esta campaña de marketing se construirá con la ayuda de todos los interesados dentro del distrito y dentro de las **comunidades**.

Para ayudar con la misión completa de este proyecto de **participación de los padres**, se propone que los facilitadores escolares (facilitadores de padres, voluntarios de la comunidad, maestros, administradores y padres de niños en las escuelas) sean los primeros en recibir capacitación. Estos facilitadores se equiparán con las herramientas necesarias para generar un interés de alta calidad y una gran cantidad de participación familiar para sentar las bases para varias fases del **modelo** de plano LTKF.

ESQUEMA DE LOS PROGRAMAS DE CAPACITACIÓN

OBJETIVO: A través de nuestro programa Think-Parents are powerful™, LTKF trabajará en asociación con las escuelas públicas para proporcionar a los padres de estudiantes minoritarios y en riesgo en las escuelas de Waterbury capacitación, herramientas y estrategias para ayudar a sus hijos a convertirse en mejores pensadores y aprendices. y solucionadores de problemas creativos, así como miembros contribuyentes de la comunidad.

ENFOQUE: LTKF implementará su enfoque probado para lograr el objetivo que:

A. Centrarse en los padres

El proceso sistemático de la Fundación ayuda a los padres a aprender cómo establecer metas para mejorar la alfabetización, brindar un mejor apoyo a sus hijos y luego medir el progreso a lo largo del tiempo. Este ciclo de aprendizaje activo ha logrado los siguientes resultados:

1. Mayor nivel de conocimientos y habilidades sobre el desarrollo del aprendizaje de la lectoescritura de su hijo; y

2. Mayor aplicación de estrategias prácticas basadas en la investigación.

B. Mejorar las habilidades de pensamiento crítico

El proceso integral de la Fundación ayuda a los estudiantes a desarrollar mejores estrategias de pensamiento y aprendizaje al integrar el apoyo del sistema escolar y las **comunidades** de padres. Este enfoque integrado ha logrado los siguientes resultados:

1. Un mayor nivel de comprensión en lectura en un 20%; y

2. Una mayor capacidad para planificar, pensar, investigar y escribir proyectos.

C. Complementar las iniciativas existentes

Las estrategias, habilidades y programas de la Fundación funcionan sinérgicamente con los programas actuales y futuros. Los lazos más fuertes creados entre padres, estudiantes y educadores preparan al estudiante para una participación más creativa, sólida y **comprometida** en otras iniciativas educativas.

D. Centrarse en las necesidades únicas de la comunidad

El primer paso en el proceso de la Fundación es evaluar las necesidades específicas de la comunidad local y configurar sus programas de una manera que funcione mejor con la población estudiantil local, así como con los maestros, el personal de apoyo y los administradores locales.

Los objetivos anteriores se logran a través de un sólido desarrollo de liderazgo con maestros, padres y partes interesadas en las escuelas.

VALORACIÓN Y EVALUACIÓN

Esta sección proporciona una explicación de cómo el proyecto medirá un aumento en el rendimiento de los estudiantes a través de evaluaciones, asistencia y datos de comportamiento. Para el propósito de esta descripción, definimos los datos de comportamiento para incluir el comportamiento en la escuela requerido para el pensamiento del estudiante y los resultados del aprendizaje. También definiremos los comportamientos en el hogar necesarios para el rendimiento estudiantil.

LTKF se asociará con la Dra. Libia Gil, investigadora principal del Instituto Americano de Investigación, para evaluar la efectividad de nuestros métodos, **modelos**, prácticas y tecnologías de educación en el aprendizaje de los estudiantes. Los participantes en este proyecto de desarrollo se alinearán en un proyecto de evaluación con la hipótesis de que tanto la alfabetización del pensamiento crítico como el creativo pueden ser muy evidentes si se alinean con los estándares de contenido. Utilizando una muestra aleatoria, se seleccionarán grupos experimentales y de control para participar en el estudio.

La hipótesis general o conclusión del estudio será que los estudiantes y sus padres que reciben la instrucción basada en la cognición altamente creativa (grupo LTKF) mostrarán un aumento en el rendimiento académico con puntajes porcentuales más altos. La teoría y la práctica potencialmente informada sugerirán la eficacia inherente de la mejor práctica y el **modelo** general.

De manera constante, LTKF y sus programas de instrucción basados en el conocimiento aumentaron el rendimiento de los estudiantes a través de salones de clase de proyectos piloto identificados que se enfocaron en las necesidades de los requisitos de las pruebas estatales individuales.

Si bien esto fue beneficioso para cada uno de los distritos, las diferencias en los requisitos, enfoques, evaluaciones y criterios en el transcurso de 12 años dificultaron la comparación de resultados. Debido a la fuerte evidencia de que las prácticas, estrategias y programas programáticos de LTKF utilizados dentro de los distritos arrojaron resultados prometedores en cada distrito, a pesar de las variables, el factor común entre todos los distritos señaló el comportamiento y la participación de los padres.

Esto subraya la necesidad de desarrollar más un diseño de investigación basado en **modelos**, en el que la evaluación de referencia, la retroalimentación, la recopilación de datos y la participación de los padres se incluyen en el **modelo**. Dicho plan sistemático será diseñado con el distrito por el equipo de evaluación de LTKF.

LTKF cree que se justifica un estudio más formal y sistemático con una hipótesis clara y razonable para informar la investigación de tal manera que ayude a mejorar el rendimiento académico en el futuro para los estudiantes de ELL y con necesidades especiales, y otras escuelas de bajo rendimiento en el proyecto, al tiempo que informa a la audiencia nacional de sus esfuerzos. De lo contrario, se perderá información importante sobre la innovación y el impacto del **modelo** en el rendimiento escolar.

El **modelo** de investigación propuesto para esta subvención incluirá un diseño que utiliza los estándares más rigurosos para la investigación y evaluación de la educación. Este método será un diseño de investigación con base científica que tiene los siguientes elementos:

1. Empleo de métodos empíricos sistemáticos que se basan en una serie de experimentos;
2. Implicación de análisis de datos rigurosos que sean adecuados para probar las hipótesis planteadas y

justificar las conclusiones generales extraídas (en este caso, el rendimiento de los estudiantes y el efecto del modelo de asociación);

3. Dependencia de mediciones que brinden datos confiables y válidos entre evaluadores y observadores, entre múltiples mediciones y observaciones, y entre estudios realizados por el mismo o diferentes investigadores (triangulación);

4. Uso de un diseño experimental en el que los individuos, el programa y las actividades educativas se asignan a diferentes condiciones y con controles apropiados para evaluar los efectos de la condición de interés, con enfoque en experimentos de asignación aleatoria que contienen dentro de la condición o controles a través de condiciones;

5. Garantía de que el estudio experimental se presentará con suficiente detalle y claridad para permitir su reproducción; y

6. Aceptación por una revista revisada por pares o aprobada por un panel de expertos independientes a través de una revisión científica rigurosa, objetiva y comparable (What Works Clearing House es uno de los objetivos de este proyecto).

La construcción de la evaluación del **modelo** se basará en una hipótesis clara.

Con ese fin, las medidas y el análisis de hipótesis podrían parecerse a la tabla siguiente:

ENTRADAS Recursos	Restricciones: Limitaciones a las mejoras	Actividades / Servicios	RESULTADOS Beneficios
2 directores en 2 escuelas primarias como partes interesadas	Asistencia a la reunión de partes interesadas de la puesta en marcha durante el mes de	Participación y tiempo en una breve reunión sobre el proyecto de investigación	Aceptación y promoción de las partes interesadas

	abril	de los padres.	
Superintendente Asistente Ejecutiva Coordinador de padres de Título 1 Director de subsidio federales 2 directores de escuela 1 subdirector 1 entrenador de instrucción	Uso del tiempo en el día	Entrada y tiempo	Asistencia y participación en la reunión inicial de partes interesadas
Recorrido por las escuelas Dovalina McDonnell	Conocimiento sobre cómo reclutar a los padres en ELL específicos de todos los grados en sus escuelas.	Promocionar y comunicar y obtener el compromiso de los padres para asistir a la capacitación.	Demuestra aplicabilidad para TODOS los padres de estudiantes que están aprendiendo inglés y sus hijos
25 padres por sitio modelo como participantes de la investigación			Aumento de la concentración, los comportamientos y las habilidades
Think-Parents son materiales de formación de entrenadores potentes™			Paquete completo de desarrollo profesional. Materiales con todas las herramientas necesarias para enseñar mejor el programa y las lecciones
Desarrollo profesional Bibliotecas infantiles como recursos ofrecidos Un enfoque sistemático completo de 5 pasos y un programa completo basado en proyectos	Falta de programas de formación estructurados para padres	Materiales y programa en dos idiomas. Se proporcionan maestros de ESL en las aulas para ayudar a los maestros	Satisface las necesidades de los maestros y las escuelas que tienen bibliotecas y recursos de desarrollo profesional; satisface las necesidades de los maestros que tienen materiales de recurso para sus estudiantes
Think-Parents es un programa poderoso™ para padres de niños en cada	Horarios e historial de participación	Orientación de un día y explicación del formulario de consentimiento	Desarrollo de los padres como entrenadores para ayudar a sus hijos

una de las 2 escuelas. El superintendente ofreció: 1. El Centro CIVIC; más una habitación para el cuidado de los niños 2. Departamento de tecnología para grabar en video las jornadas de capacitación		de adultos para la investigación 4 días de capacitación para padres sobre el programa Días de seguimiento para el apoyo y la retroalimentación del coaching	con la tarea de pensar, leer y escribir.
Evaluación programática	No hay suficientes datos iniciales sobre las escuelas, los padres y su compromiso con las tareas y las aulas.	Reuniones de partes interesadas y desarrollo de cuestionarios	Posible toma de decisiones para fortalecer la capacidad con el programa

HIPÓTESIS

Existe una relación entre las tres partes interesadas importantes en torno al nexo de la alfabetización del pensamiento: profesores, padres y otras partes interesadas.

MEDIDAS

Los datos de evaluación se extraerán de las siguientes herramientas de medición:

- Encuestas para todas las partes interesadas
- Escamas de Lykert
- Las Links
- SAT 10
- Aprenda, Logramos
- becada Muñoz
- Evaluaciones estatales estandarizadas en inglés y español

- Se recopilarán datos sobre demografía estándar, graduación, retención y ausencias.

- Evaluación periódica formativa y sumativa para ayudar a monitorear y mejorar la implementación del proyecto

- Evaluación de antecedentes de contexto con triangulación

ANÁLISIS

El análisis de los datos recopilados incluye lo siguiente:

- Correlaciones de momento

- Cuestionarios críticos y revisiones de registros de las partes interesadas involucradas

- Observaciones de los comportamientos clave de los maestros y los resultados de los estudiantes para informar las mejores prácticas después de las capacitaciones

- Examinar la posibilidad de efectos de moderador: ELL vs. no ELL, control ELL vs. no control ELL

Para determinar el valor de los datos recopilados en relación con otros datos, se explorarán las siguientes preguntas:

- ¿Qué elemento de diseño único, componentes administrativos y características de los participantes afectaron la implementación, los resultados y el impacto del proyecto?

- ¿Cuáles de estos elementos, componentes y características deben estar en su lugar para una replicación exitosa y sustentabilidad?

- ¿El éxito o los problemas particulares se atribuyeron a las características o condiciones únicas del sitio?

- ¿Qué aspectos específicos de cada una de las capacitaciones conducen al éxito del rendimiento académico de los estudiantes?

- ¿Qué medidas se utilizaron para llegar a conclusiones sobre la eficacia de la formación y su efecto sobre el rendimiento académico de los niños de ELL?

Líderes fuertes:
Algunas recomendaciones de libros

La gente sabe que soy un ávido lector. A menudo preguntan qué estoy leyendo. A lo largo de las décadas, he llegado a amar a muchos autores, por su propósito, sus pensamientos, su inteligencia y su enfoque en su escritura, lo que me mantiene, como lector, claro acerca de quién soy. Aquí hay algunos que recomendaría:

DAVID BROOKS
La segunda montaña (2019)
David Brooks se ha convertido en uno de mis favoritos. Él también ha pasado por un cambio en la vida y escribe de manera muy significativa sobre las **comunidades** y la necesidad de confianza, comunicación y pertenencia mutua.

BRENEE BROWN
Daring Greatly (2012); *Rising Strong* (2017);
Dare to Lead (2018)
Brenee Brown es uno de mis líderes de opinión favoritos de todos los tiempos sobre la emoción humana de la

vulnerabilidad y el coraje. No solo tiene pensamientos sobre nuestra exposición emocional, sino que tiene datos que la respaldan. Brenee está en YouTube y ahora tiene un programa de Netflix.

WILLIAM CALVIN

Cómo piensan los cerebros (1996)

William Calvin escribe un libro tan interesante y fascinante sobre el **cerebro** y su inteligencia en evolución. Pensé que iba a ser aburrido y técnico, pero no pude dejarlo. La inteligencia se ocupa del saber hacer y el saber qué del **cerebro**. Se trata de un proceso.

MIHALY CSIKSZENTMIHALYI

Flujo: la psicología de la experiencia óptima (1990); *Creatividad: flujo y psicología del descubrimiento y la invención* (1996)

Ambos libros de Csikszentmihalyi son informativos sobre cómo yo mismo pienso y trabajo. Su discusión sobre el coraje, la resiliencia, la perseverancia, la defensa madura y las habilidades de transformación son todas estructuras de la mente que nos ayudan a hacer frente a las demandas de la vida cotidiana.

DAVID EAGLEMAN

Livewired: La historia interna del cerebro en constante cambio (2020); *Incognito: Las vidas secretas del cerebro* (2011); *El cerebro: tu historia* (2015)

David Eagleman es un neurocientífico de renombre. Enseña y habla sobre la plasticidad cerebral o los patrones cambiantes del **cerebro**. Lo mejor de este autor no es solo su trabajo, sus datos y sus ideas; es la forma sencilla en que explica a través de historias todo sobre cómo cambian nuestros **cerebros**. ¡Me gusta más la historia de los London Cabbies!

THOMAS FRIEDMAN

El mundo es plano (2007); *Gracias por llegar tarde* (2016)

Thomas Friedman ha sido uno de mis favoritos durante 30 años. Sus editoriales en el *New York Times* me llevaron a sus libros. Su perspectiva hace que mi **cerebro** acepte el proceso de cambio en nuestra sociedad, nuestra cultura, la tecnología y, específicamente, en mi vida. Su trabajo sobre la llegada de la tecnología y su mensaje sobre cómo realmente competimos a nivel mundial es profundo. Además, su mensaje es impactante ya que se relaciona con el crecimiento y el ritmo del cambio en la tecnología actual.

AARON HURST

La economía de propósito: cómo su deseo de impacto, crecimiento personal y comunidad está cambiando el mundo (2014)

Aaron Hurst ha escrito a propósito el libro más significativo. Hay tres tipos: propósito personal, propósito social y propósito social. El propósito se trata de cómo enfocamos nuestro trabajo. Este libro es uno de mis favoritos. Me ayuda a comprender claramente nuestros cambios en la sociedad y las nuevas generaciones, y su impacto en el propósito.

STEVEN JOHNSON

Visión de futuro: cómo tomamos las decisiones más importantes (2018)

Steven Johnson escribe sobre la toma de decisiones. Habla de las decisiones que cambian la vida y presenta al lector herramientas poderosas para lidiar con la complejidad de la toma de decisiones. Una cosa que he aprendido a lo largo de mi vida y que él enfatiza: "Los tomadores de decisiones más inteligentes no se dejan llevar por sus agallas".

DANIEL KAHNEMAN

Thinking Fast and Slow **(2011)**

Daniel Kahneman es un pensador único y, curiosamente, uno de nuestros pensadores más importantes que me involucró como lector en su descripción de cómo pensamos, el beneficio de ralentizar nuestro pensamiento y dónde y cómo podemos y no podemos confiar en nuestra intuición.

JUSTIN REICH

No interrumpir: por qué la tecnología por sí sola no puede transformar la educación **(2020)**

Justin Reich es profesor en MIT. Su enfoque es la educación, la tecnología y el futuro de las escuelas. Señala que la tecnología no es la única respuesta. Se necesita mucho en términos de reforma y la tecnología no es una mejora de la reforma.

Expresiones de gratitud

Dicen que una madre toma tu mano por un tiempo, pero tu corazón para siempre. Gracias, mamá ... Y al querido papá. Me diste alas para volar. Gracias, papá.

No se puede decir lo suficiente sobre las grandes personas que han entrado en mi vida en un momento u otro y me han influido de una o más formas. Tengo la suerte de haber conocido a estas personas:

A **la Dra. Ana María Rodríguez**: Mi mentora, mi hermana, mi **modelo a seguir de toda la vida para las mujeres brillantes e inteligentes en esta vida.**

A **la Dra. Karen Bowser**, por su mirada atenta, su firme orientación y su apoyo durante el programa de doctorado y, más específicamente, el estudio que condujo a este libro.

A **Pat Campos**, quien tuvo la fortaleza, el coraje y la paciencia para ayudarme a través del proceso total de investigación-estudio-botas-en-el-terreno. Sin usted, este libro no se habría hecho realidad.

Colaboradores

CAROLYN BURNS BASS
Webmaster de Andamio Press

Carolyn Burns Bass es una especialista en artes comerciales que se destaca por brindar soluciones creativas para los negocios de la vida. Escritora creativa que ha publicado libros de no ficción y ficción, utiliza su experiencia como editora y periodista para combinar palabras con imágenes para contar historias que empoderan a las personas y promueven productos a través de las redes sociales, sitios web e impresos.

DR. KAREN BOWSER
Cátedra de disertación, Nova Southeastern University

La Dra. Karen Bowser, una educadora galardonada, ha pasado su carrera profesional desarrollando y ofreciendo programas educativos y de aprendizaje innovadores en una variedad de entornos corporativos, gubernamentales y académicos.

La Dra. Bowser se ha desempeñado como Director Ejecutivo de Desarrollo Profesional; la Decano de Desarrollo

Profesional y Servicios de Campo; el Decano Asociado de Estudios de Doctorado en la Escuela de Educación Abraham S. Fischler; una cátedra de disertación; y Profesora de Programa de Desarrollo Organizacional, Educación de Adultos y Educación Superior en Nova Southeastern University. Además, la Dra. Bowser se desempeñó como Director de Educación Profesional para una gran empresa de consultoría. Ha enseñado en Penn State University en sus departamentos de educación y humanidades, y ha dirigido el centro de aprendizaje y escritura. A lo largo de su carrera, ha enseñado todos los niveles desde preescolar hasta el nivel de doctorado.

PAT CAMPOS
Coordinador, Distrito Escolar Independiente de Laredo, Laredo, Texas

La Sra. Campos ha sido la Coordinadora de Título I de Participación de Padres y Familias en el Distrito Escolar Independiente de Laredo desde 2013. Durante 30 años trabajó para la Aldea Juvenil Juvenil del Condado de Webb y se jubiló como Directora de Servicios de Libertad Condicional. Sirvió cerca de 12 años como miembro de la junta escolar, tres años como presidenta de la junta escolar y tiene 30 años de experiencia trabajando con jóvenes y sus familias a través de su trabajo, la junta escolar, Girl Scouts y el Ministerio de la Juventud Católica. En 2018, fue nombrada para servir en el Consejo de Texas para la Participación Familiar / Escolar.

LAURA A. MARSALA
Editor, coordinador de producción

La Sra. Marsala ha trabajado en estrecha colaboración con la Dra. Tierno desde 1995 como editora, redactora, diseñadora gráfica y desarrolladora de marca. Obtuvo una licenciatura en inglés / periodismo de la Universidad Estatal de

Connecticut Central. Ha ocupado cargos como directora de proyectos de marketing; director de arte, editor de copias y paginador en varios periódicos de Nueva Inglaterra; libros editados sobre una variedad de temas; programas de marketing planificados y coordinados para organizaciones sin fines de lucro; y tiene más de 42 años de experiencia en la producción de preimpresión.

JON OBERMEYER
Director de proyectos, contenido editorial y producción

El Sr. Obermeyer tiene un título en inglés de Westmont College y un M.F.A. en escritura creativa de la Universidad de Carolina del Norte en Greensboro. Ha sido oficial de préstamos comerciales, desarrollador económico, propietario de una pequeña empresa, director de marketing de una empresa de consultoría de tecnología global y asistente del editor del *San Francisco Chronicle*, antes de embarcarse en una carrera de "segundo acto" como escritor independiente. editor de desarrollo y entrenador de redacción. Ha publicado 20 libros de trabajo creativo y cuatro guías de escritura en Amazon, y es tres veces finalista del Premio de Poesía James Applewhite en Carolina del Norte.

DR. ANA MARIA RODRIQUEZ
Vicerrector de educación de pregrado (jubilado), University of Texas-Pan American y capacitadora de padres

La Dra. Rodríguez se jubiló como vicerrector principal de estudios de pregrado en la Universidad de Texas Pan American. Durante su carrera de 46 años en educación, enseñó a estudiantes en escuelas secundarias públicas, preparó a estudiantes graduados en un programa de educación de consejeros universitarios y se desempeñó como administradora de programas de pregrado a nivel universitario.

Su trabajo consistió en atender aproximadamente al 80% de

los estudiantes hispanos, muchos de los cuales eran estudiantes del idioma inglés, y sus padres, muchos de los cuales solo hablaban español. Se encontró con muchos estudiantes que habían luchado a través de los sistemas educativos de las escuelas públicas y habían sobrevivido; pero también se encontró con muchos que no lo hicieron.

Como resultado, hizo el trabajo de su vida identificar las necesidades de estos estudiantes y sus padres, planificar e implementar programas y estrategias para satisfacer las necesidades, y orientar y entrenar a los futuros educadores. La Dra. Rodríguez ha llevado a cabo programas de capacitación y desarrollo de personal para las juntas escolares, el personal del distrito escolar y los padres en las áreas de participación de los padres, aprendizaje cooperativo y orientación y asesoramiento.

Trabajos citados

Materia delantera

Caine, R. N., y Caine, G. (1994). *Haciendo conexiones: la enseñanza y el cerebro humano*. Boston, MA: Addison-Wesley Longman, Inc.

Capítulo 1

Brooks, D. (2019). *La segunda montaña: la búsqueda de una vida moral*. New York: Random House.

Caine, R. N., y Caine, G. (1996). *Haciendo conexiones: la enseñanza y el cerebro humano*. Boston, MA: Addison-Wesley Longman, Inc.

El Yaafouri, L. (April 30, 2019). *Identificar y apoyar a los superdotados ELLs*. Edutopia (George Lucas Educational Foundation). Obtenido de https://www.edutopia.org/article/ identifying-and-supporting-gifted-ells

Friedman, T. (2017). *Gracias por llegar tarde: una guía optimista para prosperar en la era de las aceleraciones*. New York: Farrar, Straus & Giroux.

Kamanentz, A., y Weiner, C. (2019). ¿Estás loco con un niño obsesionado con la pantalla? Serie de kits de vida de la radio pública nacional. Obtenido de npr.org/2019/06/30/736214974/at-your-wits-end-with-a-screen-obsessed-kid-read-this

Marx, G. (2014). *Veintiuna tendencias para el siglo XXI: fuera de las trincheras y hacia el futuro.* Bethesda, MD: Education Week Press.

Murdock, S. H. (2012). *Crecimiento de la población en los Estados Unidos: implicaciones para la educación y el desarrollo económico.* America's Promise, Washington, DC. Retrieved from tawb.org/wp-content/uploads/2017/03/MurdockDemoSlide2017.pdf

Reich, J. (2020). *Falta de disrupción: por qué la tecnología por sí sola no puede transformar la educación.* Cambridge, MA: Harvard University Press.

Capítulo 2

Jensen, E. P. (2005). *Enseñando con el cerebro en mente* (2da ed.). Thousand Oaks, CA: Corwin.

Eagleman, D. (2020) *Livewired: la historia interna del cerebro en constante cambio.* New York, NY: Pantheon.

Quezada, M. S. (June 14, 2018). Involucrar a las familias: el poder de una escuela integral, un enfoque de múltiples estrategias, en Social Innovations Journal. Obtenido de socialinnovationsjournal.org/editions/issue-48/116-innovative-models/2835-engaging-families-the-power-of-a-whole-school-multi-strategy-approach

Capítulo 3

Brooks, D. (2019). *La segunda montaña: la búsqueda de una vida moral.* New York: Random House.

Jensen, E. P. (2009). *Enseñar pensando en la pobreza.* Alexandria, VA: ASCD Books.

Capítulo 4

Blankstein, A. M., & Noguera, P. (2016). *Excelencia a través de la equidad: cinco principios de liderazgo valiente para guiar los logros de todos los estudiantes.* Alexandria, VA: ASCD Books.

Caine, R. N., y Caine, G. (1996). *Hacer conexiones: la enseñanza y el cerebro humano.* Boston, MA: Addison-Wesley Longman, Inc.

Hart, L. (1983). *El cerebro humano y el aprendizaje humano.* New York, NY: Longman.

Jensen, E. (2005). *Enseñando con el cerebro en mente* (2da ed.). Alexandria, VA: ASDC.

Sousa, D. (2005). *Cómo aprende a leer el cerebro en ELL* (2da ed.). Thousand Oaks, CA: Corwin.

Capítulo 5

Caine, R. N., y Caine, G. (1996). *Hacer conexiones: la enseñanza y el cerebro humano.* Boston, MA: Addison-Wesley Longman, Inc.

Calvin, W. H. (1996). *Como piensan los cerebros.* New York: Basic Books.

Tierno, Susan F. (2016). *Una exploración del impacto de la capacitación basada en el cerebro en los padres hispanos de niños en edad primaria que aprenden inglés* (Tesis doctoral). Nova Southeastern University, Fort Lauderdale, FL.

Capítulo 6

Khatchadourian, R. (Nov. 19, 2018). *Grados de libertad: el trabajo de un científico que vincula mentes y máquinas.*

Obtenido de https://www.blackrockmicro.com/degrees-of-freedom/

Capítulo 7

Schacter, D. (2002). *Los siete pecados de la memoria: cómo la mente olvida y recuerda*. Boston, MA: Houghton Mifflin.

Sousa, D. (2017). *Cómo aprende el cerebro en ELL* (5ta ed.). Thousand Oaks, CA: Corwin.

Capítulo 8

Jensen, E. P. (2009). *Enseñar pensando en la pobreza*. Alexandria, VA: ASCD Books.

Sousa, D. (2005). *Cómo aprende el cerebro* (5ta ed.). Thousand Oaks, CA: Corwin.

Capítulo 9

Eagleman, D. (2015). *El cerebro: tu historia*. New York, NY: Vintage.

Hurst, Aaron. (2014). *La economía de propósito: cómo su deseo de impacto, crecimiento personal y comunidad está cambiando el mundo*. Boise, ID: Elevate.

Capítulo 10

Eagleman, D. (2020) *Livewired: la historia interna del cerebro en constante cambio*. New York, NY: Pantheon.

Capítulo 11

Bridges, W. (1997) Creándote a ti y a tu empresa. DaCapo Press: Cambridge, Massachusetts.

Levinson, J.C. (1984) Marketing de guerrilla: secretos para obtener grandes beneficios de su pequeña empresa. Houghton Mifflin, Boston, Massachusetts.

Capítulo 12

Caine, R. N., y Caine, G. (1996). *Hacer conexiones: la enseñanza y el cerebro humano*. Boston, MA: Addison-Wesley Longman, Inc.

Capítulo 13

Hanh, T. N. (1987). *El milagro de la atención plena: una introducción a la práctica de la meditación*. Boston, MA: Beacon Press.

Capítulo 15

Feuerstein, R. (1996). *Aprendizaje mediado: dentro y fuera del aula*. Arlington Heights, IL: Skylight.

Capítulo 16

Eagleman, D. (2015). *El cerebro: tu historia*. New York, NY: Vintage.

Capítulo 18

Blanchard, K. *El desayuno de los campeones*. Obtenido de https://www.kenblanchardbooks.com/feedback-is-the-breakfast-of-champions/

Capítulo 19

Ambani, N. La Fundación Reliance. https://www.reliancefoundation.org/

Epílogo

Friedman, T. (2017). *Gracias por llegar tarde: una guía optimista para prosperar en la era de las aceleraciones*. New York: Farrar, Straus & Giroux.

Términos clave

Bordieu, P. (1977). *Esquema de una teoría de la práctica* (Richard Nice, trans.). Cambridge, MA: Cambridge University Press.

Bordieu, P. (1986). Las formas del capital. In J. G. Richardson (Ed.), *Manual de teoría e investigación para la sociología de la educación* (pp. 241-258). New York, NY: Greenwood.

Coleman, J. (1988). Capital social en la creación del capital humano. *Revista estadounidense de sociología*, 94, 95-120.

Cook-Cottone, C. (2004). El constructivismo en las prácticas de alfabetización familiar: los padres como mentores. *Mejora de la lectura, 41*(4), 208-216.

Feuerstein, R., Feuerstein, R. S., y Falik, L. H. (2010). *Más allá de lo más inteligente: el aprendizaje mediado y la capacidad del cerebro para cambiar*. New York, NY: Teachers College Press.

Fitts, S., y McClure, G. (2015). Construyendo capital social en Hightown: el papel de la confianza en las redes sociales de inmigrantes latinas en el nuevo sur. *Antropología y Educación Trimestral, 46*(3), 295-311. doi:10.1111/aeq.12108

Hurst, A. (2014). *La economía de propósito*. Boise, Idaho: Elevate, A Russell media Company.

Diccionario Merriam-Webster. (2014).

Olivares, R. A. (2002). Comunicación, constructivismo y transferencia de conocimientos en la educación de estudiantes bilingües. *Revista Internacional de Educación Bilingüe y Bilingüismo, 5*(1), 4-19.

Vygotsky, L. S. (1978). *La mente en la sociedad: el desarrollo de procesos psicológicos superiores*. Cambridge, MA: Harvard University Press.

Sobre el autor
Susan F. Tierno, Ed.D.

La carrera educativa del Dr. Tierno se ha extendido desde
K-12 hasta la educación superior. Su fundación educativa
501c3, Let's Think-kids Foundation, Inc., canalizó su espíritu
empresarial social mediante la creación de asociaciones
escolares con maestros, estudiantes y sus familias con
capacitación específica en el **cerebro** y en cómo pensar y
aprender.

Recibió el Premio Nacional de Reconocimiento al
Pensamiento Creativo por programas innovadores para
maestros, padres y niños de la Asociación de Pensamiento
Creativo de América.

La Dra. Tierno tiene un Ed.D. con una disertación centrada en
la **participación de los padres** hispanos, que ahora se ha
convertido en *¡Andamio!: Involucrando a las familias hispanas para
el éxito de los ELL mediante el **aprendizaje basado en el cerebro***,
publicado por Andamio Press LLC. Sus experiencias de vida, y
crecer dentro de una familia militar que descendía de
inmigrantes, formaron su pensamiento y moldearon su carrera
de servicio a padres, estudiantes y sus compañeros maestros.

Como miembro de la generación Baby-Boomer nacida en Fort Benning, Georgia, la Dra. Tierno es la única hija en cinco generaciones de una familia italiana de Abbruzzi, Italia. Debido a que su padre estaba en el ejército, su vida como "mocosa del ejército" fue rica en viajes de un puesto del ejército a otro, y creció en varias partes de los Estados Unidos y América del Sur.

Su padre, que falleció recientemente y fue enterrado en West Point, fue un sobreviviente de Pearl Harbor. Su abuela fue una sobreviviente del incendio de la fábrica Triangle Shirtwaist.

La Dra. Tierno asistió al Marymount College en Nueva York y pasó un mes estudiando en Francia porque ese fue su segundo idioma seleccionado durante muchos años. Poco tiempo después, su padre fue destinado como Comandante del Grupo Militar del Comando Sur en La Paz, Bolivia. Para prepararse para tal desafío educativo, se centró en los estudios de historia, sociología y antropología de América Latina.

Solicitó permiso al decano para realizar un estudio independiente en Bolivia. Como resultado, durante seis meses trabajó con una monja y un sacerdote católico de Resurrection en una pequeña escuela indígena aymara, tomando varios viajes diarios en autobús por la montaña hasta la escuela del pueblo.

Ella desarrolló un programa de alfabetización progresiva trabajando con los niños allí, creando partes interesadas en las **comunidades** católica y militar.

Esta experiencia sentó las bases profundas de su ya familiar pasión por la enseñanza, y agregó la perspectiva bilingüe que construyó su formación sociológica y antropológica con las culturas del Tercer Mundo.

Muchos años después, el Dr. Tierno no solo estaba enseñando en aulas bilingües, sino que también recibió una maestría en educación bilingüe de la Universidad de Texas-Pan American.

Su experiencia en Bolivia fue el comienzo de una comprensión profunda de su pasión personal por la enseñanza y su relación con los inmigrantes y su impacto en la educación actual.

Las experiencias de vida de la Dra. Tierno no solo la llevaron a enseñar en las aulas de primaria, sino que también la llevaron a puestos en la Universidad de Texas, Pan American; la Universidad de Nevada, Reno; Post University en Connecticut; ya puestos en editoriales escolares, donde aprendió el negocio de construir un negocio.

A partir de entonces, diseñó su primera fundación educativa 501c3, dedicada exclusivamente a las asociaciones escolares con maestros bilingües y su desarrollo profesional, a sus estudiantes bilingües y a sus familias con capacitación específica en cómo pensar y aprender utilizando el **modelo** de participación para niños, maestros y padres.

El programa de escritura basado en proyectos de sus hijos, ahora en su segunda versión para padres y tercera edición para estudiantes de ELL, se centró no solo en escribir para estudiantes de ELL, sino que se construyó en torno al aprendizaje **mediado**.

Después de tomar un descanso de cuatro proyectos de replicación, sus experiencias de toda la vida culminaron con la dedicación de la fundación 501c3, Let's Think-kids Foundation, Inc. (www.LTKF.org), y su visión del pensamiento crítico y creativo y el aprendizaje del idioma inglés. estudiantes (ELL). El primer proyecto comenzó con sus programas innovadores en un distrito urbano de Connecticut.

Ahora, una vez más, agregando la piedra angular de la autora a su distinguida carrera en educación, actualmente vive en Texas y se ha dedicado al crecimiento de sus programas para padres, su fundación, su nueva compañía editorial y la creación de artículos y libros de investigación adicionales.

¡Trae Think-parents are powerful™ a tus enlaces de tus padres!

Espero que haya disfrutado de este libro y lo haya encontrado útil y alentador. Si bien no está completo de ninguna manera, espero que la información en estas páginas le sirva de trampolín para su propia creatividad a medida que comienza a diseñar programas efectivos de capacitación y participación para padres que funcionen dentro de su comunidad y circunstancias únicas. Ya sea que esté capacitando cara a cara o virtualmente, estos conceptos para la capacitación de padres funcionarán en cualquier lugar.

Si desea obtener más información sobre consultoría, capacitación para su distrito, mi programa y herramientas Think-parents are powerful™, o reservar un orador, ¡comuníquese conmigo!

La Dra. Susan F. Tierno
sftierno223@verizon.net
www.LTKF.org
www.andamiopress.com
Facebook
Instagram
LinkedIn
Twitter

9 780578 529509